国家『十二五』规划重点图书

东北三江流域文化丛书

孙代君　刘殿生　吕品○编著

江湾渔歌

——赫哲中部部落首府敖其考纪

黑龙江教育出版社

图书在版编目（CIP）数据

江湾渔歌：赫哲中部部落首府敖其考纪 / 孙代君，刘殿生，吕品编著. -- 哈尔滨：黑龙江教育出版社，2012.5
（东北三江流域文化丛书. 第2辑）
ISBN 978-7-5316-6282-2

Ⅰ. ①江… Ⅱ. ①孙… ②刘… ③吕… Ⅲ. ①赫哲族－民族历史－佳木斯市 Ⅳ. ①K282.5

中国版本图书馆CIP数据核字(2012)第079967号

江湾渔歌——赫哲中部部落首府敖其考纪
Jiangwan Yuge——Hezhe Zhongbu Buluo Shoufu Aoqi Kaoji

孙代君　刘殿生　吕品　编著

选题策划	徐永进
责任编辑	徐永进　宋怡霏
装帧设计	王立鹏　朱建明　周　磊
责任校对	刘　青
出版发行	黑龙江教育出版社
地　址	哈尔滨市南岗区花园街158号（邮编 150001）
印　刷	黑龙江远东联达教育文化传媒有限公司
开　本	787毫米×1092毫米　1/16
印　张	16.5
字　数	150千
版　次	2012年7月第1版
印　次	2012年7月第1次印刷

书　号　ISBN 978-7-5316-6282-2　　定　价　66.00元

黑龙江教育出版社网址：www.hljep.com.cn
如需订购图书，请与我社发行中心联系。联系电话：0451-82529593　82534665
如有印装质量问题，影响阅读，请与我社联系调换。联系电话：0451-82529347
如发现盗版图书，请向我社举报。举办电话：0451-82560814

前 言

猴石山哟,山高接连天,

松花江水哟,滚滚浪花翻。

江湾旁坐落着古老的敖其村,

赫哲人种田捕鱼勤劳勇敢。

密林里闪现着"莫日根"的身影,

江面上飞翔着"阿珊希特"的渔船。

"伊玛堪"述说着老一辈的血泪,

"嫁令阔"歌唱着新一代的香甜。

随着这首悠远绵长的民歌,我们走进了古老的赫哲中部落首府——敖其。

敖其,北依状似弯弓的敖其湾,滔滔松花江水奔流东去;南偎连绵的敖其大山,耸立起一道绿色屏障。

敖其湾赫哲族风情旅游区全景

敖其古村寨俯瞰

　　随着调研的深入,敖其呈现出了它的原始神秘的赫哲文化,以及延续数百年的历史变迁。

　　敖其,不同于其他几处赫哲族聚居点。在1980年之前,一直以满族身份存在。早期被称做"依册满洲",失却了自己的"黑斤""那乃""赫哲""奇楞"等族称。其后融汇到满族共同体。直至1984年,一位叫葛文义的人站出来,呼吁恢复赫哲族身份,经专家考证,在三百多年之后终于重新找回了"赫哲族"这个民族徽标。

远眺敖其赫哲古村寨

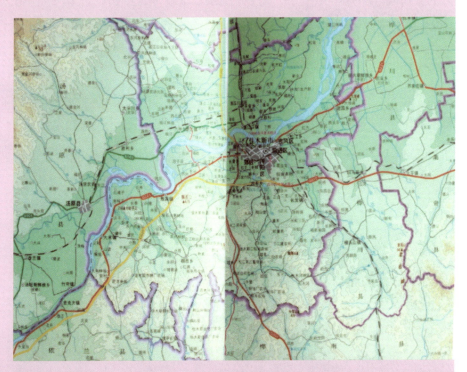

黑龙江测绘局《黑龙江省地图册》(1980年版),当时改"敖其"为"永安"

《黑龙江省地图册》2007年版:敖其地理位置图

这是一段跨越了明、清、民国、新中国四个时期，断裂长达三百六十多年的民族演变史。因此，敖其赫哲族的回归具有特殊的典型的标本意义。

一些人不理解，已经基本失却了民族语言、宗教以及习俗并基本"汉化"的赫哲族，为什么如此强烈地要求恢复民族身份呢？一是国家的民族政策的光明伟大，再就是他们身体流淌着的赫哲族的血液的作用。赫哲族"伊玛堪"传习所建立后，那些学习赫哲语言和"伊玛堪"的孩子们接受得特别快，甚至在敖其新村旅游区开园时竟能表演一系列节目，连教授他们的吴明新老人都感到惊奇。这只能有一个解释，他们身上的赫哲族遗传基因被唤醒了。

赫哲族人称姓为"喀拉"，以喀拉区别部族。但日常仅称名而不冠姓，如叫全亮者，虽有姓"葛以克勒"，却省略之，如以汉语姓名习惯推之，应姓"全"，那就失之毫厘、谬之千里了。我们从葛氏族谱可以看出，他们在尼亚胡图后的六七世左右，方才冠姓并以同字排辈。

此次我们搜集到了三份"葛氏族谱"，具有极其特殊的意义。谱牒，系记载家族籍贯、世系分支以及记载重要人物和事件的专书。赫哲族葛氏家族所留下的家谱，十分珍罕，是研究民族源流、分布与变迁的重要资料。我们将三个葛氏谱牒一并陈列，也是本书的一大亮点。

葛氏赫哲族，有"革依克勒""克

赫哲先世照片

益克勒""葛以克勒""克
日克勒""格克勒"等异
写。这个氏族属于明末清
初的呼尔哈部,即"阿卡
尼群体"。"阿卡"是由"呼
尔哈""瓦尔喀"音转而

敖其承办赫哲族第四届乌日贡大会

来,"阿卡尼"是呼尔哈、瓦尔喀人的自称。清朝初年,人们认为"赫
哲"和"呼尔哈"是同义词,在某些情况下,是可以互通的。据杨宾的
《柳边纪略》记载,在当时的呼尔哈人当中,"少年精悍者,渐移内
地,编甲入户,或有为侍卫者。初服鱼皮,今则服大清衣冠,所谓窝
稽鞑子是也,又名异齐满洲"。也就是说,呼尔哈部的大多数人加入
了满族共同体,成为满族成员。而留居原地的一些部落氏族,发展
成为赫哲族的一些氏族,自称阿卡尼。葛姓赫哲族就是这个群体中
的重要成员之一。它原本是古老的大氏族,从乌苏里江迁居牡丹
江、松花江一带后,其部长索索库被呼尔哈河(牡丹江)至乌扎拉
(黑龙江下游)地区诸部氏族公推为总部长。直至清初,索索库率众
接受招抚,使其历代部长一再充任总部长和其他军政要职,大概此
时的敖其延续着明代水上驿站阿凌站的繁华,特别是居于此地的
葛氏赫哲人为清朝管辖黑龙江中下游各部起到了重要作用,故获
"中部落首府"之誉。葛姓氏族兴盛发达,迄今居住生活在我国的乌
苏里江畔的四排,黑龙江畔的八岔,松花江畔的依兰、宏克力、敖
其;俄罗斯的黑龙江畔的达达、埃康、匹水、霍敏等处。在今天的敖
其的赫哲族人口中,葛姓人占三分之一还多。

在早期抗击沙俄入侵松花江的战斗中,赫哲族发挥了很大作用。抗日战争中,赫哲族人民英勇地抗击日寇侵略。但此前对他们的抗日事迹搜集和挖掘不够,此次对敖其赫哲人的抗日传说做了一定的调查,记录下了一些口传史料,弥足珍贵,我们没有作太大的改动和剔除,尽量保持其原汁原味,以利研究。

敖其赫哲人曾被历史"断裂"过,回归后,他们是一群在做"赫哲民族伟大复兴"的赫哲人,虽然刚刚开始,却做得有滋有味。

我们愿将此书奉献给他们,哪管它能起到一块砖、一片瓦的作用呢!

目 录

第一章

DI YI ZHANG

源远流长

敖其赫哲族村坐落于黑龙江省佳木斯市西郊 23 公里处，地理坐标为北纬 46 度 44 分，东经 130 度 05 分。这里群山环绕，北临松花江，哈同公路在村前通过，是哈同公路的咽喉要道。敖其赫哲族村系佳木斯市郊区敖其镇政府所在地。

敖其历史久远，是赫哲族古老村寨之一。

关于"敖其"地名，有一个传说。说是在金代时金兀术向三川（指黑龙江、松花江、乌苏里江）六国（指赫金国、红毛国、萨哈里国、乌拉布国、阿尔齐国及松阿里江北岸的扎罕国）借过兵。"阿尔齐国"指的就是敖其一带。"阿尔齐国"翻译成汉语是地理位置居"中央"的国（国即当时的部落），简称"中国"（即中部落），曾是三江平原上位置适中的国（即中部落）。由女真语演变而成的赫哲语"中"用汉字标音为"阿尔奇都"，后来"阿尔"转音为"敖"，尾音"都"脱落，变成了今天的"敖其"，因此得名。郭晓华主编的《佳木斯地区历史文化研究》（社会科学文献出版社 2005 年 10 月第一版）即持此说（见该书 143 页）。

《佳木斯市郊区地名图》中的敖其地理位置

　　女真语"中"的发音为"都林巴",而赫哲语"中"的发音为"托昆"。二者发音相差甚远,也就是说,由女真语演变而成赫哲语不成立。而且,"阿尔奇都""都林巴""托昆"三者放到一起,各自发出各自的音调,风马牛不相及。

　　"阿尔奇都"不是"中"的意思,并不影响敖其的中部落首府的地位。明清之际曾用汉字记音为"额提奇"或"额提希"。当时赫哲人分为三大部落:居松花江沿岸者为中部落,居混同江(今黑龙江)沿岸者为北部落,居乌苏里江沿岸者为南部落。当北部落葛依克勒独立部长索索库被打牲人丁(即赫哲人)等推举为总部长后,于天启年间(1621年以后)携家眷从德新地方迁往中部落,定居敖其。统管由牡丹江起至乌扎拉地方的22个赫哲族部落。佳木斯一带——敖其、塔库(达木库屯)、阴达珲(音达木屯)均为赫哲族定居地。自1731年(清雍正九年)清政府在三姓(依兰)设副都统起,至1910年(清宣统二年)前,敖其一直是赫哲诸部组成联盟的社会政治中心。

在舒景祥主编的《中国赫哲族》(黑龙江人民出版社 1999 年 10 月第一版)一书中介绍:"相传,在古时候,赫哲先民沿松嘎里江向上游迁徙,人们登岸燃起篝火打尖,在顺手捞鱼的地方停靠,这捞鱼的地方叫'敖其',赫哲语'敖罗其'意为捕鱼工具'抄罗子','敖其'这一地名便由此而来。"吴连贵演唱、晓寒翻译整理的《民族迁徙歌》中即唱道:"往前再走,天已放亮,人们登岸燃起篝火打尖,在顺手用抄罗子捞鱼的江边停靠,这捞鱼的地方叫——敖其。"

早些时间出版的佳木斯市人民政府办公室编《佳木斯市地名志》即采用此说:"1573 年至 1619 年间,赫哲族葛依克勒氏从三姓(今依兰)沿松花江东下来此定居,用原始工具'抄罗子'捕鱼,抄罗子译成赫哲语为敖其,沿用至今。"

"用抄罗子捞鱼的地方"就叫"敖其"吗?

先从语言学角度考释。女真语称"网"为"亦勒",即称"打围网"作"撒哈答亦勒";猎具"网斗"(兜),发音作"哈虫哈林"。赫哲语称

清代敖其赫哲族生活场景(摹自《皇清职贡图》)

"网"为"阿地勒"。赫哲语中,如子弹袋叫"夸其",猎袋叫"乌阔勒",干粮袋叫"苏良纳",包袱叫"巴夫切",挂网叫"过胡勒阿地勒"。查《渤海国地方考》,靺鞨人称忽汗河(即牡丹江)为"奥罗河",其释义系"围网"。赫哲语源于女真语,二者称"网"或"袋"状物的词根,当是"亦勒"或"阿地勒","林""其""纳""切""罗"等均系其音转。赫哲语称"抄罗子",发音为"敖切"。由此我们可以断定,"敖其"指称网具"抄罗子"无疑。

再从地理学角度考释。查《盛京吉林黑龙江三省标注战绩图》(乾隆四十三年),图中标有"奥恰河",经核对,应是今日之"永安河"。此河全长 16.5 公里,在敖其抽水站东 0.5 公里处入松花江。查(清)祁寯藻撰《三姓山川记》载:"敖其大山,在三姓东北松花江南岸、达布库迤东,山高约六百余丈。东南相连草帽顶子山,高约五百余丈。迤东为富克锦界。音达穆河发源小黑山、七星碰子等山脉。自

敖其湾恰似抄罗子形

抄罗子等捕鱼工具　　　　　　用抄罗子捞开江鱼　（迟玉皴　摄）

在江湾里用抄罗子捕鱼

抄罗子也是捕鱼的辅助工具

山根东北至音达穆河口三十里。自敖其而西南,至三姓一百四十五里。"有"奥恰河"者,有"敖其大山"者,因河得名?因山得名?抑或河、山因屯寨而得名?

2009年,四年一度的中国赫哲族第八届乌日贡大会在敖其召开,佳木斯市郊区出版了《黑土情怀·敖其湾赫哲风情专刊》,葛俊波的《葛依克勒氏族与敖其赫哲族村的由来》居首篇。其"敖其葛氏家族迁徙的传说"一节这样写道:"葛依克勒的先辈在保卫疆土屡立战功,赢得赏官晋爵后,花甲之年,解甲归田,携带家眷,顺流而下,行至现在的松花江湾,见江水如画,宛如捕鱼之工具'抄罗子',又因景色秀丽,便在此安家,取名叫敖其。"话语不多,却说到了点子上。

经实地观察和地图比对,敖其湾这个"U"形大甩弯,的的确确像大抄罗子。

准确地说,"敖其"这一地名的获得,源于松花江在这里形成的西北东南向的大甩弯,因在山头上看去,极像捕鱼工具抄罗子而得名。

二、"狗站"传奇

海西东水陆城站,是明代奴儿干都司境内的两大交通驿道之一。明朝政府为了有效管理黑龙江地区,于永乐七年(1409年),在黑龙江入海口附近特林地方(今俄罗斯境内)设立了奴儿干都指挥使司,简称奴儿干都司，管辖并安抚着明朝最东北部的各族人民。奴儿干都司辖区内有两大交通驿道。一条向东称"海西东水陆城站"，一条向西称"海西西陆路"。海西东水陆城站始建于奴儿干都司创设之年，即明永乐七年（1409年），全长2 500公里，为明东北地区六条驿道中最长的一条。

海西东水陆城站，水路从吉林市松花江段出发，顺江而下，直抵奴儿干都司，陆路从海西底失卜站（今黑龙江双城石家崴古城）出发，基本沿松花江、黑龙江下游两岸45个驿站东北而行，到亨滚河口的终点——满泾站（在奴儿干都司附近）。

关于这条道路，明代《辽东志》和《全辽志》的记载基本上是一致的。《辽东志》记载："海西东水陆城站有底失卜站、阿木河站、海胡站、尚京城、札剌奴城站、鲁路吉站、伏答迷城、海留站、扎不剌站、哈三站、哈思罕站、伯颜迷站、能站、兀剌忽站、克脱亨站、斡朵里站、一半山站、托温城、满赤奚站、阿陵站、柱邦站、弗思木城、奥里米站、古弗陵站(或希尔哈古城)、弗踢奚城、弗能都鲁兀站、考郎兀城、可木

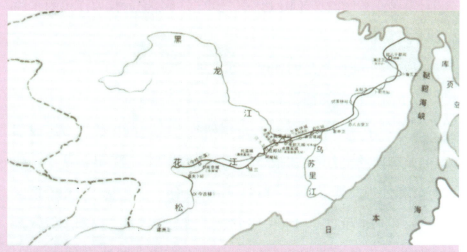

海西东水陆城站(阿陵站,即今教其)示意图

站、乞勒伊城、乞列迷站、莽吉塔城、药乞站、奴合温站、乞里吉站、哈刺丁站、伐兴站、古伐替站、野马儿站、哈儿站、莫鲁孙站、马勒亨古站、撒鲁温站、伏达林站、忽林站、虎把希站、五速站、哈刺马古站、卜勒克站、播儿宾站、沼阴站、弗朵河站、别儿真站、黑勒里站、奴儿干城、满泾站。共经 10 城 45 站,合计 55 个城站。

经考证,海西东水陆城站有 17 个城站途经三江平原,它们依次为:斡朵里站(今依兰西马大屯)、一半山站(今依兰县东北舒乐河一带)以及奥里米站(今绥滨城西十八里的奥里米古城)、托温城、满赤奚站(今汤原县香兰东北六里的桃温万户府故城)——阿陵站(今佳木斯西郊敖其)——柱邦站 (今桦川县创业堆峰里)——弗思木城、古佛陵站 (今桦川县东北 20 公里的瓦里霍吞古城)——弗踢奚城、弗能都鲁兀站(今富锦市上街基嘎尔当西 200 米、松花江南岸的嘎尔当古城)——考郎兀城、可木站(今同江市乐业团结西南 1.5 公里的图斯克古城)——乞勒伊城、乞列迷站(今同江市勤得利农场一分场西南约 4 公里的勤得利古城)——莽吉塔城(今抚远县城东北 10 公里,黑龙江右岸的城子山上)——药乞站(今抚远县通江黑瞎子岛上的木克得赫村)。

海西东水陆城站是明朝经营东北的一条主要干道,是松花江、黑龙江下游等地的海西女真、野人女真各卫头目进京朝贡的主要路线。所设驿站,统归兵部管辖,是明朝政府统治机构的一个组成部分。驿站的任务是:传递文报,转运军需、贡赋和赏赐,转运往来的朝贡官员和公差人员,并提供食宿。明朝政府十分重视对奴儿干地区的管辖,在永乐至宣德(1409—1433 年)二十余年间,曾十次派钦差内官亦失哈率领军队和赏赐物资,沿海西东水陆城站,前往奴儿干和苦夷(今库页岛)等地巡视。

商业在明代女真社会中处于特别重要的地位。朝贡是商业贸易的一种形式。女真人猎获的以貂皮为主的各种皮毛和采集的人参、木耳、蜂蜜、松子等,既是他们生活资料的重要来源,也是与内地和邻国进行交易的重要物品。畜牧业在女真人的生活中长期占有重要的地位。每到市期,通过水陆驿站,进入各市的女真人,少则数百人,多至千余人。交换的产品,有来自女真地区的以貂皮和人参为大宗的各种土特产品,如马、貂皮、金钱豹皮、猞猁皮(土豹皮)、海青、人参、东珠等,这些土特产通过驿站被源源不断地输往内地;来自内地的耕牛、骡马、铁锅、犁铧、绸缎、绢、棉布、成衣、瓷器、米、盐等也通过驿站被大量输入女真居住地。这种商业活动对于女真各部来说,起到了繁荣民族经济,促进社会进步的积极作用。海西东水陆城站的建立,极大地加强了边疆和内地政治经济的密切联系。

自传说中的虞舜时代"海外肃慎来朝",到勿吉朝贡的开辟、辽代鹰路及至海西东水陆城站的运行,都充分证明,三江平原始终处于祖国内地至东北边疆的枢纽位置。后来清代的所谓"虾夷锦",正是沿着原海西东水陆城站这条路线到库页岛一带,然后辗转到日本北海道的。

从这一角度考察,海西东水陆城站应该是"中国东北方的丝绸之路"。这条丝绸之路,通往亚

《皇清职贡图》中赫哲族驾爬犁使犬图

洲东北极边,至于库页岛及日本的北海道,素被东北史学者称做"皮草之路"和"山丹贸易"。

所谓"山丹贸易",就是指诸多民族辗转相接,经中国东北地区、黑龙江流域、萨哈林岛(库页岛)、北海道、本州,几乎环日本海一周而进行的贸易。这种贸易源于中国清朝的贸易。清朝政府规定,黑龙江、乌苏里江流域各民族,每人每年应向清朝政府交纳貂皮一张。清顺治末康熙初,对贡貂地点也作出了明确的规定。居住在乌苏里江以东、黑龙江下游的赫哲、费雅喀,每年贡貂一次,并到宁古塔就近缴纳,但有"欲赴京来朝者,从其便"。清政府对前来贡貂者给予优厚的赏赐,称之为"赏乌林"("乌林"即财帛之意)。赏赐一般为蟒服、披领等。同时,清政府还派遣官员深入民族地区,征收贡物。管辖黑龙江流域的三姓副都统衙门每年都要派遣官员乘船装载被称做"乌林"的赏赐品沿江而下,到黑龙江下游的德楞等"满洲行署",把蟒袍之类的清朝官服或锦料以及青玉等赐给居住于当地的乌里奇人或尼夫赫人,同时从这些民族那里收取貂皮之类的贡品,这就是所说的"乌林"亦即朝贡贸易。接受赏赐的乌里奇人或尼夫赫人携带上述赏赐品来到库页岛,又与桦太阿依努或宗谷阿依努进行贸易。由于日本把黑龙江下游之地称为山丹之地,把那里的居民称为山丹人,所以上述贸易活动在日本文献中被记载为"山丹贸易"。进而,这些赏赐品又经阿依努民族之手,流入日本松前藩或商人手中,然后又由船只运往日本各地。

这条贸易路线之所以被称为"丝绸之路",其中的一个原因是:山丹贸易的主体就是中国内地传入的、被称为"虾夷锦"的丝织物和服装,但又不限于这类丝织物。

海西东水陆城站的特色贸易品,应为女真的土特皮革和中原内地的织锦,所以才有"皮草之路"和"山丹贸易"的称谓。

明代的海西东水陆城站,不但加强了明朝政府对东北的经营管理,同时也促进了各民族之间的经济文化交流和社会经济的发展,三江流域的土特产输往辽东和内地,丰富了汉族人民的经济生活;而从内地运往奴儿干都司各地的生产工具和生活用品,促进了当地各民族社会经济的发展,丰富了他们的文化生活。这条驿道在巩固多民族国家的统一,开发祖国东北边疆的历史中发挥了重要作用。它将三江地区的先民与内地联系起来,并为其向外延伸的海外贸易架起了桥梁,其意义不逊于"丝绸之路",堪称"中国东北方的丝绸之路"。

位置在敖其的阿陵站是"中国东北方的丝绸之路"上的一环。那么昔日的阿陵站是个什么样子?

民族学的史料告诉我们,北方陆上最早的畜力可能是狗。据元史记载,早在元朝时,元政府为了加强其对赫哲人的统治,曾在赫哲人的居住区任命官吏。为了加强其对内地的联系,还专门在沿路设立了一些狗站,这些狗站星罗棋布,派"站丁"管理。元朝人黄溍在描述东征元帅府地面的山川形势和居民生活状况时说:"东征元帅府,道路险阻,崖石错立,盛夏水活,乃可行舟,冬则以犬驾爬行冰上;地无禾黍,以鱼代食。乃为相山川形势,除道以通往来,人以为便。"这些狗站,每站有站民二十户,狗二百只,狗爬犁五辆以上,朝廷按例行规定支给赏银。这条主要以狗爬犁作为运输工具的交通干线,在明、清两代都曾继续沿用。

基于特殊的自然环境而形成为生活习惯,狗爬犁被赫哲人民所普遍使用,并一直沿袭下来。清代时,从宁古塔往东350多公里,沿

狗的挽具(凌纯声《松花江下游的赫哲族》)

松花江、黑龙江一直到鄂霍次克海口,两岸都是赫哲族聚居地。因为他们广泛畜狗、用狗,给人们留下了深刻的印象,所以在当时被正式称为使犬部或使犬路。与此同时,狗的使用还渗透到了生活的各方面,甚至在婚嫁中也用狗充作聘礼。据文献记载:"其地男少女多,女始生,男不问老少,先以狗为定,年及十岁即娶。"因此可以说,狗的使用是和赫哲族社会的生产和生活息息相关的。

狗爬犁的形状特点,据《元一统志》记载:"狗车以木为之,其制轻简,形如船,长一丈,阔二尺许,以数狗拽之。"《明一统志》引《元志》语:"俗有狗车,木马轻捷之便。狗车形如船,以数十狗拽之,往来递运;木马形如弹弓,系足激行可及奔马,二者止可冰雪上行。"《黑龙江志稿》亦载:"赫哲人所用狗爬犁,形如小车而无轮,以细木性软

狗爬犁

老式"狗车"(凌纯声《松花江下游的赫哲族》)

者削两辕,前半翘起上弯,后半贴地处置四柱与四框,铺以板。如运重物,则于上弯处驾犬,二人在上,以鞭挥之,其速愈于奔马。"在《皇清职贡图》中就有赫哲人乘犬挽"冰床"的图像。在文字上也载有:"以捕鱼射猎为主,夏航大舟,冬日冰坚,则乘冰床,用犬挽之。"赫哲族的"冰床",就是雪爬犁的前身,后改叫"狗车"。狗车即用狗拖的雪车,赫哲语名为"托尔基"。这种雪橇长八九尺,制作很简单,通常用五狗,人多物重时,可增加至十几条。群狗中必有头狗先行,听驾驶人命令,以定行止转弯。头狗一般是训练有素的雌犬,否则不能当先行之任。它在前拉一根长绳,长绳上又拴一些稍短的绳,每条短绳套上一条狗,这样,众狗随头狗,听从赶雪橇人的吆喝前进。

冬日行走在松花江上的狗拉"拖目床"

三、丹青诰命证古今

1976 年末,依兰县文物管理所研究员卢锡鹏开始为丰富藏品征集文物。

卢锡鹏是依兰原名三姓的赫哲族卢、舒、葛三大氏族的卢姓后裔,他是一位才学非常的人,在回依兰之前,为长春电影制片厂美工,曾担任影片《平原游击队》的特技设计。

就在作完这部影片后,当时因"三年自然灾害"而吃不饱的卢锡鹏回到依兰,继续从事文化工作。

1980 年春季, 三大氏族的葛姓后代葛庆国找到卢锡鹏说:"以前你要看我家谱书和古董,都在'文革动乱'中损失了,现在还有两件'宝贝',请你有空去看看。"

当时,俩人身体都不大好,没有践约。1981 年春,卢锡鹏又去拜访,不巧,葛庆国去别处养病,结果"三顾茅庐"才见到。

葛庆国的"宝贝"是什么？留下一个很大的悬念。

1982 年春,卢锡鹏邀约两位同事到葛庆国家求宝。进屋后,葛氏夫妻从一个箱柜里取出两件像卷轴式书画样的东西。卢锡鹏以为是先人留下的书画呢;求宝心切,他慢慢地展卷,可能因为装裱的长,展到五六十厘米时,又失望了;但是当展到八十厘米时,突然出现了《奉天诰命》四个白色大字,他眼前一亮,心率加速,手足颤抖。

　　啊!皇帝的辞令。他稍稍吸了一口气,急切地读正文:"奉天承运皇帝制曰治军命将朝廷弘写伐之兽移孝作忠臣子著折冲之烈尔阿木奇卡乃驻防三姓世管佐领董萨那之父提躬醇谨课子义方戎务夙娴克启其裘之绪天休申锡用敷车荣兹诰命于戏播徽章于天上祇受国恩邀令誉于师中永贻家庆制曰国重于城之寄宣威允赖乎武臣典隆纶绮之施锡类必加夫贤母尔驻防三姓世管佐领董萨那之母格克勒氏内则素娴令仪允著爱劳兼至用昭列戟之光诲育弥勤每听鸣机之响兹以覃恩赠恩为恭人于戏励荣名于兰镐懿范克彰荷嘉祉于芝镐殊恩益永乾隆十六年十一月二十五日吉林骁骑校蒙阿妻室。"

　　虽是文言古辞,还是能掂量出那份沉甸甸的分量。最后年款——乾隆十六年,即公元 1751 年,后边有朱红印记,细看是御玺"制诰之宝"。由此可以确定,这是货真价实的"宝贝"——乾隆皇帝降赐下来的《诰命诏书》。

　　卢锡鹏赶忙又打开了另一幅《奉天诰命》诏书:"奉天承运皇帝制曰政重五兵恭佐允资乎豹略恩隆三锡褒嘉特焕夫龙章尔驻防三姓世管佐领董萨那职司军旅村浴韬钤迪果毅干戈行爪牙攸寄懋勤劳于王室车服宜旌巨典式逢湛恩用沛兹议覃恩特授尔为中宪大夫锡之诰命于戏师克在和尚辑纠桓之众功罔懈益张赫濯之威制曰干戈载戢端资硕画于戎行琴瑟咸和更赖同心于阃内尔驻防三姓佐领

第一章　源远流长

清朝乾隆皇帝诰命诏书：诰命阿穆奇卡·格克勒氏夫妇诏书局部（之一）

董萨那之妻觉罗氏柔嘉维则淑慎其仪勤以相夫虎旅奋从王之烈敬能聚德鸡鸣矢戒旦之忱兹以覃恩封尔为恭人于戏恪修内职鹰玉佩以无惭克赞中权锡宝纶而加历乾隆十六年十一月二十五日。"

《诰命诏书》是封建皇帝对功臣封赏爵秩的一种文诰。清代定制，四品官以上功臣受封的诏书为诰命诏书，四品以下的为赐命诏书。葛氏父子原为四品佐领，受诰命。当诰命赐爵之日，在宫廷举行隆重大典，彰显帝王尊严，奖惩严明，有无上荣耀的气氛。本氏族人家中明烛焚香，向神灵、祖先献酒供肉，大摆迎接圣旨《诰命诏书》到来的宴席，宴会钦差及亲友同僚，以示对皇帝殊恩、神灵、祖先降福，亲朋、僚佐、故旧祝贺情谊的酬谢。

在戏剧舞台上，经常可以看见太监传旨的场景，那只不过是两手一展尺余长的道具而已。而真的诏书和道具大相径庭。真品诰命诏书总长度达1丈2尺（4米），宽2尺（60厘米），超乎想象。正面用十块暖色调宫廷绫锦镶接，两端镶裱八十厘米长生赫色（淡土黄）绫缎，末端装象牙饰首的卷轴。这一套装帧相当考究，形式优美，熠熠生辉，富丽堂皇，表现出宫廷气魄和中国风采。

每件诏书前半部分写的是汉字，后半部分写的是满洲字，同一内容相对应。而每种文字又分别用白、黑二色书写，写着受封夫妇的功绩和嘉勉的词语，男方用白色字，女方用黑色字。这不单是出于对书面的色彩观感的设计，很可能是根据我国古代唯物主义哲学对客观世界构成的物质本源的认识，这就是所谓"阴阳二气"交感成器，始生"天地玄黄"——一个物质世界，阴阳合二为一，一元复始，万物生生不息，循环不穷。君不见《太极图》阳（白）阴（黑）一对矛盾同处一元之内，产生大千世界。所以男属阳，用明色（白）：女属阴，用暗色（黑）。汉字体是楷体，刚劲、清秀，似融合赵、欧两大名家的风骨。满洲字写得工整流畅，可乱印刷体之真。

"三姓"的卢、葛、胡，都隶属八旗中的上八旗。上八旗是八旗中由皇帝亲统的镶黄、正黄、正白三旗。三姓卢、葛、胡分别隶属此三旗，可直接选为宫廷侍卫、近臣。其他各旗则为下五旗。葛姓氏族自1616年至1621年，为清廷征战，并保卫和管辖三江流域中下游及库页岛海域，功勋卓著，有条件接受清廷酬勋赐爵。从葛氏谱书及文物得见，葛姓受清廷诰封的有四人。此次发现的两件诏书，是诰封葛

清朝乾隆皇帝诰命诏书：诰命阿穆奇卡·格克勒氏夫妇诏书局部（之二）

敖其博物馆场景再现：赫哲族的婚礼

姓第七、第八两代夫妇四人的诏诰文件。

——第七代夫阿穆奇卡，诰封为中宪大夫；妇名葛依克勒氏，诰封为恭人。

——第八代名董萨那，系阿穆奇卡次子，诰封为中宪大夫；妇名觉罗氏（赵氏），诰封为恭人。

他们四人受诰封的缘由，限于史料不足难于说明，只能从诏书正文去考察了。阿穆奇卡夫妇因为能够"课子义方"，使儿子董萨那成材，效忠皇室，建功受诰；董萨那在任驻防三姓世管佐领之初，善于治军，以"折衡""果毅"才德为朝廷出力立功，妻子克尽"妇道"，辅佐丈夫成就功业，夫妻均受诰封。

阿穆奇卡在康熙五十八年继其父扎哈喇首任葛氏世管佐领而为第二任，雍正九年降调同时，正逢三姓副都统衙门设置，扩充兵员,奉宁古塔将军的命令,到乌苏里江东霍尔阔地方招收赫哲族八姓壮丁一千人充作三姓地方驻防八旗兵,荣立一等军功,清廷赏他穿黄马褂留在朝廷任一等侍卫。他的长子接任葛氏第三任、其侄接第四任世管佐领,次子董萨那则接任第五任(乾隆十五年至五十三年)。三姓原属赫哲族,葛姓祖籍在乌苏里江口东的德新地方,其三世祖于1621年率众迁来依兰,同1616年迁来的卢、胡二姓同处依兰,由此才有"三姓"地名诞生。三姓人及其他十姓赫哲人在清代是依兰上下及至敖其依彻满洲中最多的组成部分,也是迄今三江流域有文字记载的最早的居民。

葛庆国听到卢锡鹏的讲解后,自愿将两件乾隆大帝赐给他的曾祖父、母和祖父、母的诰书——珍贵的文物捐献出来。卢锡鹏十分高兴,觉得此行的收获非同小可。

诰命诏书发现后,引起省内外学术界的重视,参加了中国社会科学院在北京举办的《赫哲族渔猎生活》展览。它证实了三姓新满洲源流及其前称"虎尔哈部落"是构成满族的四大女真部落之一等重大命题。这对捐献者葛庆国来说是比物质奖励高出千百倍的荣誉。对征集者卢锡鹏来说也是最大的欣慰。

叉草球

四、葛氏称豪族

居住在敖其的赫哲族中，葛氏族群最为显赫。

曾任依兰道尹的阮忠植在其长诗《三姓土风》中明确写道："土著皆胡裔，金邦号女真。""北面松花江，东居赫哲人。""葛氏称豪族，关家习武身。"

葛氏先人早在明万历年间，就是东海女真呼尔哈部落的总部长。1635年被迫放弃东海女真名号后，首先打出了"倭哲"旗号，史称"滨海倭哲"。大清时代，一部分被编户，原地贡貂，并于1663年正

《葛氏族谱》

式定名赫哲。为保卫边疆立下战功,深受朝廷信任和重用。一部分被迁移到三姓地区,编旗入佐,就地驻防,行使国家授予的地方管辖权,参与关领和颁赏乌林、收纳贡貂、解送贡貂等重要的军政要务。被称为"伊彻满洲(谓新满洲,即赫哲)"。

现发现两部葛氏族谱,一部发现于敖其,一部发现于依兰。

敖其发现者即名《葛氏族谱》,其序云:

"岁在乙巳,秋八月,予馆于吉林三姓敖其屯镶红旗五品军官福庵公之平山堂,望族也。公之兄翰卿,讳长林,治家有法,处世有方。公讳长海,性情朴厚,友于甚敦笃,交游重名义,威望风采著一时。暇辄造馆就予讨论今古,每言及忠信孝悌之事,即竟夜谈不厌也。一日太息而言曰:'葛氏之族由来久矣。先人虽居显宦,然与宗支未甚留意,虽有家谱,屡遭兵燹,迄今追昔,其可知者,不过某为某也,某为

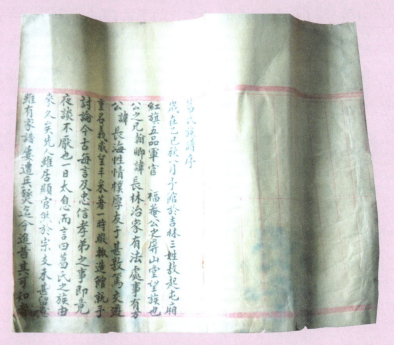

《葛氏族谱·序》(之一)

《葛氏族谱·序》(之二)

某支。至于某母为某氏,某姑适某门,竟茫然无所考。迨其后代远年湮,户目愈繁,人丁愈众,而欲使族内长幼不紊,男女之间位置不乱,不更戞戞乎其难哉!启周幸为我谋之。'予闻斯言,不禁肃然起敬,曰:'呜呼噫嘻,福庵公之持身为有本矣!福安公之立言为不朽矣!夫木本水源,本芝绵于百也;秋霜春露,俎豆永以千秋。公虑及此,盍弗集族人而告之,修族谱而藏之,俾家执一册,户存一编,即千百年后披阅一过,如某祖配某氏,某姑归某门,如不口讲指画如在目前,夫亦何虑夫湮没,更亦何忧乎紊乱耶?'公闻之鼓掌称善,因于庚午春三月纠合宗族设祭于享堂,敬告先祖而修祖谱焉。诸事毕而索序于予,予固浅陋,然与公为莫易交情,实不得辞其责,因援笔而为之序云云。

光绪三十二年岁在庚午三月初一日,山东登州府学增生启周氏盖宇清 顿首敬撰

《葛氏族谱·例言》(之一)

总事人户长　长海

帮办户长　成福

襄事人　贵横　长贵　双海　顺祥。"

依兰发现者名作《葛姓即葛依克勒氏·姓宗族之谱书》:"葛姓即葛依克勒氏原籍乌苏哩德新等处迁移三姓地方

序

自清初以来,由下江乌苏里发源。德新地方迁移三姓。以入右翼正黄旗第一佐领下,作为新满洲入旗当差。由康熙五十三年间落户,至今二百五十多年。前家谱由咸丰元年四月间修造,现今九十余年未修支派。家谱内均系满文。经本族后人葛文换,由大满洲帝国康德十年阴历正月内,以请外姓之人重新修立。即将清文家谱添注汉文,以照家谱汉文造修谱书一本,日后流传世代。族中人等以备考查。凡我同族人等嘱之为序。

第一章　源远流长

《葛氏族谱·例言》(之二)

经理操办人　葛文换

原有旧家谱,现造新谱书,计二份,均行保存。

家谱材料提供者　葛子龙。"

依兰葛氏谱书,总计十二世,其中一世1人,二世3人,三世9人,四世18人,五世26人,六世26人,七世38人,八世43人,九世50人,十世13人,十一世3人,十二世1人。共有235人。在葛氏谱书235人中,为官4人,受封赏1人,无嗣107人。

葛姓赫哲族,赫哲语葛依克勒氏,也称葛宜克勒氏、葛克勒氏。第一世是尼雅胡图,于明万历时代任独立总部长。世居乌苏里江江口德新地方,生子诺悦库,诺悦库生索索库(也称索斯科)。

明天启元年,即公元1621年,索索库率众迁居牡丹江口。此时所辖地点由胡尔哈河(即牡丹江)起至乌扎拉(今俄罗斯哈巴罗夫斯克,即原伯力东六百里金山、银山)地方止,十二部落,打牲人丁推举

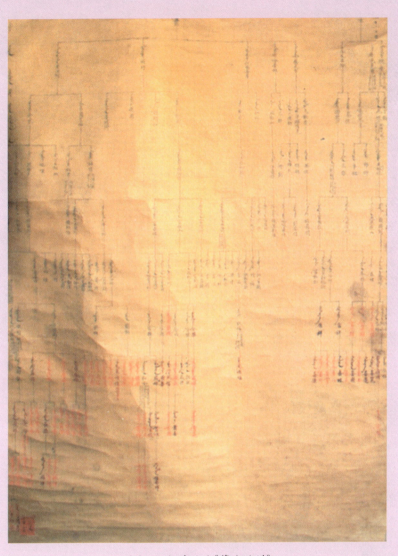

满文、汉文并用的《葛氏族谱》

索索库为总部长。清太宗时，遣派钦差招抚索索库等。天聪九年（1635
年）春，索索库率众人晋盛京（今沈阳），朝见皇上，进贡黑狐、貂鼠、水
獭、人参等，深蒙嘉奖，封以"国伦达"之职。天聪年间，皇上差使臣平
定山东，从胡尔哈河居住的赫哲人中挑选一千名充军，指令索索库带
领前往征剿。崇德二年（1637 年），在努尔哈赤、皇太极发动征明战争
和统一黑龙江流域事业中，葛氏从征。崇德五年（1640 年）皇上给索

满文、汉文并用的《葛氏族谱》局部（之一）

索库赏配格格及仪仗、旗帜、鞍辔、朱轮车等,以旌其劳。

四世彰格生子阔哩哈。阔哩哈生子二,长子考武洛,次子札哈拉。札哈拉袭总部长职,于清康熙五十二年(1713年),奉旨兼管卢、胡、舒三姓。是年奉旨,随吉林将军,蒙罗鄂召见,就设立旗佐领,将札哈拉与卢、胡、舒三姓,统赏为世管佐领,世袭罔替。次年,朝廷将四姓赫哲族二百名披甲分编为镶黄、正黄、正白、正红四旗,也是赫哲族被编旗之始。札哈拉任正黄旗世袭佐领德新部、葛依克勒哈拉达。札哈拉之子阿木奇卡,于雍正九年(1731年),特旨派招抚霍尔佛阔八姓人丁归旗当差,着有勤劳,奉旨赏穿黄马褂,留京充一等侍卫。

董萨那,阿木奇卡长子,清代乾隆年间任驻防三姓世袭佐领,因征战有功,于乾隆十六年(1751年)十一月二十五日,朝廷诰封他为中宪大夫,其妻觉罗氏封为恭人。同时诰封的还有其父阿木奇卡,其

满文、汉文并用的《葛氏族谱》局部(之二)

母格克勒氏。乾隆十九年(1754年)五月间被派往约定之奇集噶珊。六月二十八日到达,七月间催征库页费雅喀人等之贡貂,九月间返回,征得当年应贡貂皮148张,加补贡欠貂皮53张,共得貂皮201张,并与领催一名、披甲四名于同年十一月解送京城。

常保,隶属三姓副都统衙门,委笔帖式。乾隆十九年(1754年)五月间,随董萨那等,前往约定之奇集噶珊,对贡貂之缛德、都瓦哈、雅丹、绰敏、舒隆武噜、陶六姓额定148户颁赏乌绫并纳其貂皮。

葛拔勒珲阿,时任镶黄旗六品官骁骑校奖赏蓝翎,系1808年三姓副都统衙门派往德楞"赏乌绫木城"衙门三名主要负责的官员之一。

葛依克勒·杰赫,乌苏里江司帕柔宏尼人,居实尔固宸屯北,地当今饶河县四排村南一华里。清道光十五年(1835年)生,幼孤,兄弟三人,悉赖寡母扶养成人。兄耶赫,长十岁,于三姓副都统境德克

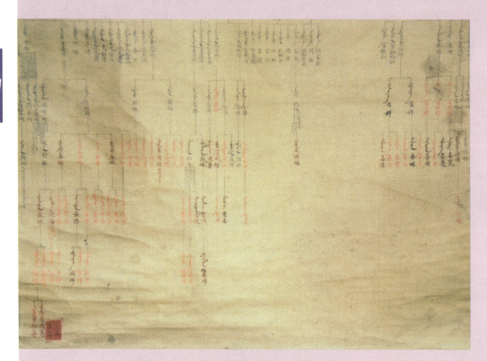

满文、汉文并用的《葛氏族谱》局部（之三）

登吉佐领属下队伍。弟帕斯宏皆习渔猎。杰赫雄健有力，15岁涉江以擒狍熊，人皆奇之。后村众拥其为捕猎领队，率村民常西去伊克堆累（今大鼎子山）、东去锡霍特山捉鹿捕貂，皆富获焉。每夏时，三姓副都统衙门收税帆船至，商贾偕行，遂易之以油盐、布匹、百货等。由此村民生活渐裕。咸丰八年（1858年）六月十五日，俄侵华魁首西伯利亚总督穆拉维约夫，派布多戈斯基领船，闯入我乌苏里江探察，至司帕柔宏尼，村民皆遁逃，唯杰赫与之相较，辩曰："我大清国地界，尔等罗刹不得乱闯！"遂为布贼捆缚船上，上溯，逼其为之探路。每遇歧氾港汊，则胁迫杰赫为其摆渡，越七日，抵兴凯湖。旋威逼之上溯江源，杰赫不忍其凌虐，行至松阿察河口，深夜以斧除二罗刹，遂逃匿焉。俄贼追之，杰赫不意足陷沼泽，为其击毙身亡。时年24岁。其妻伊尔嘎盼夫不归，知其已死，自溺以殉。时年20岁。

九世色栋厄，一等侍卫，历代承袭。

全亮自三世祖起属新满洲，隶正黄旗，历代承袭世管佐领，排十二世，其家为葛姓之望族。全亮幼年，家境较贫，无力攻读，16岁学瓦工。咸丰八年(1858年)18岁，因边境形势突变而被征兵入伍，不久即调往新疆伊犁平定叛乱及反击沙俄侵略。参加了伊犁谷地战役，

军士甲胄

立下了战功。在伊犁与当地之女结婚。光绪元年(1875年)生子忠和，名恕民，排十三世。

光绪三年(1877年)，全亮调任，携家眷归故里依兰哈喇(三姓)，委任公中佐领。光绪八年(1882年)出任富克锦(即今富锦)协领。光绪二十六年(1900年)，沙俄对我东北大肆侵略，统领全亮急回三姓，提出保卫三姓城的作战方案。他主张将重兵退出城外，用小队人马诱敌深入。使敌不战进城，以消其锐气，滋其骄气，我军主力

正黄旗军旗　　正白旗军旗　　正红旗军旗　　正蓝旗军旗

镶黄旗军旗　　镶白旗军旗　　镶红旗军旗　　镶蓝旗军旗

清朝八旗军军旗

再回师进城,军民里外合击,聚而歼之,此作战计划遭族长郡昌(排十二世,五品候补主事)反对而作罢。迅速组成四百余人队伍,于七月二十七日在倭肯河西岸构筑工事,布置防御阵地迎战俄军。二十八日晨,河西降龙屯等处展开激烈战斗,相持不久,俄军炮艇驶入倭肯河并占领东山之制高点,我军阵地和三姓城皆暴露于敌人炮口之下。全亮奋力指挥,分队御敌,毙伤俄军百余人。为了争夺倭肯河上木桥,双方展开激烈战斗,俄方死伤惨重。统领全亮此时已负伤多处,血染战袍,但他仍然跃马疆场指挥战斗,使敌无不胆寒。不幸他被落在身旁的炮弹击震马下,身负重伤,不省人事,士兵找来门板把他抬下战场。宣统元年(1909年),全亮出任三姓副都统。人们为了表彰他的御敌功绩,赠送"望重东陲"的匾额,悬于私邸。统领全亮的战伤经多年医治转好,但体内尚存子弹一颗、弹片一块未能取出,严重地影响了他的健康,后病逝于三姓故宅,享年75岁。

十三世忠和,任公中佐领、记名佐领、骑都尉世职。

葛姓即葛依克勒氏，原籍乌苏理、德新等处迁移三姓地方

序

自清初以来[1]，由下江乌苏理发源[2]，德新地方迁移三姓[3]。以入右翼正黄旗第一佐领下，作为新满洲入旗当差。由康熙五十三年间落户[4]，至今二百五十余年。前家谱由咸丰元年四月间修造[5]。现今九十余年未续支派，家谱内均系清文。经本族后人葛文换，由大满洲帝国康德十年阴历正月内[6]，以请外姓之人重新修立。即将清文家谱添注汉文[7]，以照家谱汉文造修谱书一本，日后传流世代。族中人等以备考查。凡我同族人等嘱为之序。

经理操办人 葛文换

始祖（1名）

依马克勒，生子三名：长子蒙吉那；次子奇奇卡；三子来州。

二世（3名）

1.蒙吉那，生子三名：长子古英额；次子阿勒就；三子呢牙富拉，系乡长。

2.奇奇卡，生子二名：长子托阎珠；次子乌克西勒。

3.来州，生子四名：长子业普寿；次子邸库讷；三子玉卡那；四子提尔客库。

三世（9名）

1.古英额，生子二名：长子卡勒；次子胡尔西，系乡长。

2.阿勒就，生子一名：萨普图力。

第一章 源远流长

3. 呢牙富拉,生子一名:色佛勒。

4. 托阁珠,生子三名:长子可力和;次子敦白;三子产达。

5. 乌克西勒,生子二名:长子各土山;次子和勒。

6. 业普寿,生子三名:长子卡勒图;次子和佛讷;三子诺墨那。

7. 邸库讷,生子一名:阿勒哈。

8. 玉卡那,生子二名:长子悦马新;次子吉斐兰。

9. 提尔客库,生子三名:长子特奇;次子非要霍;三子勾和。

四世(18名)

1. 卡勒,生子五名:长子拉喜;次子达勒求;三子库勒察那;四子杜音保;五子五大子。

2. 胡尔西,生子一名:恩车和讷。

3. 萨普图力,生子二名:长子崩库讷;次子呢尔山。

4. 色佛勒,生子三名:长子奇马滕额;次子博修;三子博洛塔。

5. 可力和,无嗣。

6. 敦白,生子二名:长子对保;次子依马求。

7. 产达,生子二名:长子霍霍洛;次子库起牙图。

8. 各土山,无嗣。

9. 和勒,无嗣。

10. 卡勒图,生子三名:长子文错;次子索尔顾;三子富州。

11. 和佛讷,生子一名:呢苏兰。

12. 诺墨那,生子一名:四达色。

13. 阿勒哈,生子三名:长子巴力;次子桂古;三子三太色。

14. 悦马新,生子三名:长子佳拉库;次子富牙初;三子金太。

15. 吉斐兰,生子一名:察马布。

16. 特奇,生子一名:班达。

17. 非要霍,生子一名:凌保。

18. 勾和,生子一名:吉勒恩保。

五世(30名)

1. 拉喜,生子一名:铁喜。

2. 达勒求,生子三名:长子胡鉴;次子达新保;三子三春保。

3. 库勒察那,无嗣。

4. 杜音保,生子一名:杜新保,系蓝翎着意巴图鲁勇号[8]。

5. 五大子,无嗣。

6. 恩车和讷,生子二名:长子达森保;次子代凌阿。

7. 崩库讷,生子一名:沙那。

8. 呢尔山,生子三名:长子达祺;次子马钦保;三子呢新保。

9. 奇马滕额,无嗣。

10.博修,无嗣。

11. 博洛塔,生子一名:富音保。

12. 对保,生子二名:长子富云保;次子达音保。

13. 依马求,无嗣。

14. 霍霍洛,无嗣。

15. 库起牙图,生子一名:关保,移珲春[9]。

16. 文错,生子一名:马哩善。

17. 索尔顾,生子一名:白凌阿。

18. 富州,生子二名:长子呢山;次子和升额。

19. 呢苏兰,生子二名:长子来色;次子萨必那。

20. 四达色,生子一名:哩高。

21. 巴力,生子二名:长子阿勒就[10];次子我林保。

22. 桂古,无嗣。

23. 三太色[11],生子一名:和勒音保。

24. 佳拉库,无嗣。

25. 富牙初,无嗣。

26. 金太,生子一名:永森保。

27. 察马布,无嗣。

28. 班达[12],无嗣。

29. 凌保,无嗣。

30. 吉勒恩保,无嗣。

六世(26名)

1. 铁喜,生子三名:长子德新保;次子德金保;三子德吉保[13]。

2. 胡鉴,无嗣。

3. 达新保,生子四名:长子富明山;次子富禄山;三子札隆阿;四子德隆阿。

4. 三春保,生子四名:长子依勒兴阿;次子依凌阿;三子巴克唐阿;四子德丰阿。

5. 杜新保,无嗣。

6. 达森保,生子一名:德云。

7. 代凌阿,无嗣。

8. 沙那,生子一名:和滕额。

9. 达祺,生子一名:乌尔供阿。

10. 马钦保,生子四名:长子色勒巾;次子富兴阿;三子凌山;四子西昌阿。

11. 呢新保,无嗣。

12. 富音保,生子二名:长子富当阿;次子富勒恒额。

13. 富云保,无嗣,移珲春。

14. 达音保,无嗣,移珲春。

15. 关保,无嗣,移珲春。

16. 马哩善,生子二名:长子海森保;次子海清保。

17. 白凌阿,生子一名:舒伦保[14]。

18. 呢山,生子二名:长子忠新保;次子那桑阿。

19. 和升额,生子一名:穆滕额。

20. 来色,生子五名:长子达郎阿;次子达力山;三子萨桐阿;四子乌吉山;五子柳吉山。

21. 萨必那,生子二名:长子西楞额;次子西德山。

22. 哩高,无嗣。

23. 阿勒就,生子一名:爱新保。

24. 我林保,生子二名:长子富森保;次子富林。

25. 和勒音保,生子一名:富凌山。

26. 永森保,生子一名:诺敏。

七世(38名)

1. 德新保,生子二名:长子博勒洪阿;次子奇车箔。

2. 德金保,无嗣。

3. 德吉保,生子一名:阔普桐阿。

4. 富明山,无嗣。

5. 富禄山,生子一名:舒勒法。

6. 札隆阿,生子二名:长子博奇;次子博勒珲,系骁骑校[15]。

7. 德隆阿,无嗣。

8. 依勒兴阿,生子一名:博冲武。

9. 依凌阿,生子一名:常安。

10. 巴克唐阿,生子二名:长子永安;次子庆安。

11. 德丰阿,生子一名:忠安。

12. 德云,无嗣。

13. 和滕额,生子二名:长子色庆额;次子色普兴额。

14. 乌尔供阿,生子二名:长子苏清阿;次子富郎阿。

15. 色勒巾,无嗣。

16. 富兴阿,生子一名:富寿。

17. 凌山,生子六名:长子成禄;次子成安;三子庆云;四子祥云;五子明云;六子亮云。

18. 西昌阿,生子一名:永林。

19. 富当阿,生子一名:胡图理。

20. 富勒恒额,生子一名:珠尔松阿。

21. 海森保,生子一名:托克桐阿。

22. 海清保,无嗣,在北京。

23. 舒伦保,无嗣,在北京。

24. 忠新保,无嗣。

25. 那桑阿,无嗣。

26. 穆滕额,无嗣。

27. 达郎阿,生子一名:巴隆阿。

28. 达力山,生子一名:我哲舒。

29. 萨桐阿,生子一名:富成。

30. 乌吉山,生子一名:金栋阿。

31. 柳吉山,生子四名:长子萨奇山;次子乌隆阿;三子佛尔洪阿;四子马勒胡山。

32. 西楞额,生子一名:吉凌阿。

33. 西德山,无嗣。

34. 爱新保,生子三名:长子德宁;次子德兴;三子七勒。

35. 富森保,生子一名:常明。

36. 富林,无嗣。

37. 富凌山,生子四名:长子珠保;次子萨宁阿;三子萨哩山;四子萨凌阿。

38. 诺敏,无嗣。

八世(43名)

1. 博勒洪阿,生子三名:长子庆福;次子庆禄;三子成林,系蓝翎佐领[16]。

2. 奇车箔,生子四名:长子常禄;次子明安;三子庆云[17];四子庆林,系领催委官[18]。

3. 阔普桐阿,无嗣。

4. 舒勒法,无嗣。

5. 博奇,生子一名:悦兴阿。

6. 博勒珲,生子二名:长子悦凌阿;次子悦清阿。

7. 博冲武,生子二名:长子金桂;次子成桂。

8. 常安,生子一名:祥桂。

9. 永安,生子二名:长子德桂;次子德奎。

10. 庆安,无嗣。

11. 忠安,生子四名:长子桂林;次子祥玉;三子祥魁;四子魁福。

12. 色庆额,生子一名:诺莫洪阿。

13. 色普兴额,生子四名:长子托印;次子诺明阿;三子诺凌阿;四子诺莫崩阿。

14. 苏清阿,生子三名:长子德凌阿;次子德明;三子德墨山。

15. 富郎阿,无嗣。

16. 富寿,生子一名:德清。

17. 成禄,生子二名:长子英元;次子英祥。

18. 成安,无嗣。

19. 庆云,无嗣。

20. 祥云,无嗣。

21. 明云,无嗣。

22. 亮云,无嗣。

23. 永林,无嗣。

24. 胡图理,无嗣。

25. 珠尔松阿,无嗣。

26. 托克桐阿,生子三名:长子苏勒何恩;次子富勒珲;三子阿哲芬。

27. 巴隆阿,生子三名:长子全有;次子全福;三子全寿。

28. 我哲舒,生子一名:和山。

29. 富成,生子三名:长子爱新图;次子依克金图;三子富克金图。

30. 金栋阿,生子一名:德兴。

31. 萨奇山,生子一名:铁郎。

32. 乌隆阿,无嗣。

33. 佛尔洪阿,生子一名:全胜。

34. 马勒胡山,生子二名:长子全寿[19];次子铁索。

35. 吉凌阿,无嗣。

36. 德宁,无嗣。

37. 德兴,无嗣。

38. 七勒,无嗣。

39. 常明,生子四名:长子札禄;次子乌郎阿;三子斐凌阿;四子德禄。

40. 珠保,无嗣。

41. 萨宁阿,生子一名:塔斯胡哩。

42. 萨哩山,无嗣。

43. 萨凌阿,无嗣。

九世(50名)

1. 庆福,生子一名:贵成。

2. 庆禄,生子一名:塞萨春。

3. 成林,无嗣。

4. 常禄,生子一名:哈丰阿。

5. 明安,无嗣。

6. 庆云,无嗣。

7. 庆林,无嗣。

8. 悦兴阿,无嗣。

9. 悦凌阿,无嗣。

10. 悦清阿,无嗣。

11. 金桂,生子一名:三喜。

第一章 源远流长

12. 成桂,生子一名:英廉。

13. 祥桂,无嗣。

14. 德桂,无嗣。

15. 德奎,无嗣。

16. 桂林,生子一名:富永阿。

17. 祥玉,生子一名:荣连。

18. 祥魁[20],生子一名:荣印。

19. 魁福,生子二名:长子荣和;次子荣海。

20. 诺莫洪阿,生子一名:海禄。

21. 托印,无嗣。

22. 诺明阿,无嗣。

23. 诺凌阿,无嗣。

24. 诺莫崩阿,无嗣。

25. 德凌阿,无嗣。

26. 德明,无嗣。

27. 德墨山,无嗣。

28. 德清,无嗣。

29. 英元,无嗣。

30. 英祥,无嗣。

31. 苏勒何恩[21],无嗣。

32. 富勒珲,无嗣。

33. 阿哲芬,无嗣。

34. 全有,无嗣。

35. 全福,无嗣。

36. 全寿,无嗣。

37. 和山,无嗣。

38. 爱新图,无嗣。

39. 依克金图,无嗣。

40. 富克金图,无嗣。

41. 德兴,无嗣。

42. 铁郎,无嗣。

43. 全胜,无嗣。

44. 全寿,无嗣。

45. 铁索,无嗣。

46. 札禄,生子一名:德福。

47. 乌郎阿,生子一名:富春。

48. 斐凌阿,无嗣。

49. 德禄,无嗣。

50. 塔斯胡哩,无嗣。

十世(13名)

1. 贵成,无嗣。

2. 塞萨春,无嗣。

3. 哈丰阿,无嗣。

4. 三喜,无嗣。

5. 英廉,生子一名:凤鸣。

6. 富永阿,无嗣。

7. 荣连,无嗣。

8. 荣印,生子一名:葛文换。

第一章 源远流长

9. 荣和,无嗣。

10. 荣海,生子一名:葛文轩。

11. 海禄,无嗣。

12. 德福,无嗣。

13. 富春,无嗣。

十一世(3名)

1. 凤鸣,无嗣。

2. 葛文换,生子一名:葛成。

3. 葛文轩,无嗣。

十二世(1名)

1.葛成。

原有旧家谱,现造新谱书,计二份[22]。均行保存。

家谱材料提供者:葛子龙。

注释:[1]"以",原文为"一"。 [2]"源",原文为"原"。 [3]三姓,地名。今为黑龙江省依兰县。 [4]康熙五十三年,即公元1714年。 [5] 咸丰元年,即公元1851年。 [6] 康德十年,即公元1943年。 [7]"注",原文为"住"。 [8] 清朝时期的顶戴包括顶珠和花翎。"蓝翎"是鹖羽制成,蓝色,羽长而无眼,较花翎等级为低。由于作战有功,赏戴蓝翎。"巴图鲁"乃满语baturu的译音。《五体清文鉴》译为"勇",但作为赐号之巴图鲁,乃为勇将,能干之意。也可转译为"英雄"。 清朝战功卓著的勇士才有资格获得,是满族军人的最高荣誉称号。 [9]珲春,地名,今吉林省珲春市。 [10]阿勒就,与二世蒙吉那次子同名。 [11]"三太色",原文为"三达色"。 [12]"班达",原文为"班塔"。 [13]"德吉保",原文为"德吉山"。 [14]"舒伦保",原文缺字,现根据下文补字。　[15]骁骑校,官名,原称分得拨什库。每佐领一人,正六品。骁骑营为受各旗都统直接统率的部队,佐领与骁骑校为直接受都统与副都统、参领管辖的军官。　[16]佐领,清官名。牛录章京的汉译。早期满旗社会,出兵或狩猎时,按家族村寨行动,每10人选1人为首领,称牛录额真(箭主之意)。明万历二十九年(1601年),努尔哈赤定300人为1牛录,作为基本的户口军事编制单位,牛录额真1人管理,始正式成为官名。天聪八年(1634年),改称牛录章京。清朝入关后,改称佐领,正四品。　[17]庆云,与七世凌山三子同名。　[18]领催,官名。清朝八旗军下级军官。满语"拨什库"。顺治元年(1644年),定满、蒙八旗每佐领下六人,汉军八旗每佐领下设四人。由"马甲"(即八旗骁骑营之士兵)内选充,满、蒙八旗兼于本佐领识字护军内挑补。康熙四十三年(1704年),满、蒙每佐领下裁一人。掌登记档册、支领官兵俸饷。　[19]全寿,与巴隆阿三子同名。　[20]"祥魁",原文为"祥奎"。　[21]"苏勒何恩",原文为"苏勒和恩"。　[22]"份",原文为"分"。

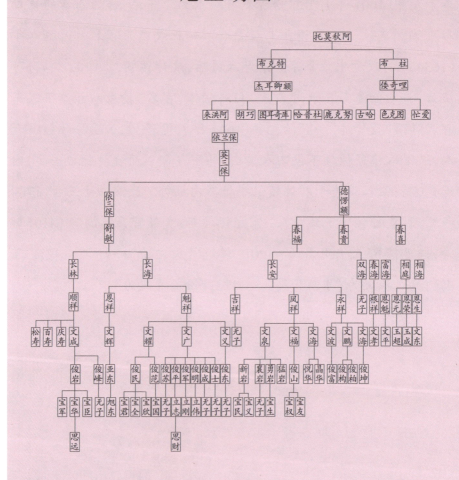

尼亚胡图

"葛东天"支系葛氏族谱

太祖父:葛东天。

祖辈:
葛双印:葛东天之子。娶妻葛毕氏,生子:长子葛德胜,次子葛长胜。

父辈:
葛德胜:葛双印之长子。娶妻何淑清,生有四子一女,长子葛忠厚、次葛忠臣、三子葛忠良、四子葛忠江、长女葛玉霞。
葛长胜:葛双印之次子。娶妻葛吴氏,生有一女二子,长女葛凤兰,长子葛忠军、次子葛忠兴。

子辈:
葛忠厚:葛德胜之长子。娶妻栾忠琴,生有二女三子,长女葛艳梅、长子葛延军、次女葛艳华、次葛延宾、三子葛延伟。

葛忠臣、葛德胜之次子。娶妻。
葛忠良、葛德胜之三子。娶妻谢玉香,生有一子三女,长女葛艳秋、长子葛延龙、次女葛艳鹏、三女葛艳春。
葛忠江、葛德胜之四子。娶妻。

葛玉霞,葛德胜之长女。配偶王宏刚,生有二女,长女贺宇慧、次女王荣郦。
葛凤半:葛长胜之长女。配偶。
葛忠军:葛长胜之长子。娶妻黄杰,生一子四女,长女葛艳红、次女葛艳辉、三女葛艳丽、四女葛艳荣、长子葛延鹏。
葛忠兴:葛长胜之次子。娶妻。

孙辈:
葛艳梅:葛忠厚之长女。配偶。
葛延军:葛忠厚之长子。娶妻李俊波,生一子,长子葛洪亮。
葛艳华:葛忠厚之次女。配偶。
葛延宾:葛忠厚之次子。娶妻邓鲁燕,生有三女,长女葛纯秀、次女葛梦萌、三女葛梦蝶(双胞胎)。
葛延伟:葛忠厚之三子。离异,葛洪(宏)洲。

葛艳秋:葛忠良之长女。配偶金宝吕,生有一女,长女金钰婷。
葛延龙:葛忠良之长子。未婚。
葛艳鹏:葛忠良之次女。未婚。
葛艳春:葛忠良之三女。未婚。

贺宇慧:葛玉霞之长女。配偶。
王荣郦:葛玉霞之次女。配偶。

葛艳红:葛忠军之长女。配偶张勇,生有一女,长女张萍萍。
葛艳辉:葛忠军之次女。配偶宋严林,生有一子,长子宋强。
葛艳丽:葛忠军之三女。配偶张玉新。
葛艳荣、葛忠军之四女。配偶曲永刚。生有一子,长子曲胜。
葛延鹏:葛忠军之长子。未婚。

重孙辈:
葛洪亮:葛延军之子。

葛纯秀:葛延宾之女。
葛梦萌:葛延宾之次女。(双胞胎)
葛梦蝶:葛延宾之三女。(双胞胎)
金钰婷:葛艳秋之女。
葛洪洲:葛延伟之子。

张萍萍:葛艳红之女。
宋 强:葛艳辉之子。

曲 胜:葛艳荣之子。

第二章
DI ER ZHANG

千古传奇

一、敖其的传说

敖其村,地处松花江中游南岸佳木斯市区西 23 公里处,是赫哲人葛姓氏族建立的村屯。

葛姓氏族属赫哲族中单一的古老葛依克勒氏族。

相传明朝末年,赫哲族葛依克勒氏族人居住在乌苏里江口的德新。这个葛姓氏族的历代部落的部长,都历任管辖牡丹江和松花江、黑龙江、乌苏里江赫哲族各部落的总部长和军政要职。

天启年间清朝为表彰葛姓氏族镇守边塞从征屡建战功的功勋,赐葛姓氏族居住松花江流域沿岸一带。葛依克勒氏人开始了从德新地方大批携带家眷沿江逆流西迁的征程。

那年,正值深秋,葛氏部落总长携兵丁、家眷老少乘船沿江逆水而上,食宿船上,昼夜兼程,去落脚安居一个叫"呼尔哈昂邦"(今依兰)的地方。

天不作美,正逢连绵秋雨,江水透发着寒气,沿岸的树木枯叶凋零,桦皮船鱼皮衣,阵阵寒风袭人冷。

有人向部落总长建议上岸,搭"刀伦阿吉嚷莽"(行船时上岸过夜的临时小布棚)生火御寒,暂作休整。首领看了天色说:"赶路要紧,万一遇上雨连雪那就更糟了。"

天有不测风云。一天傍晚,船队在经过一个狭窄江面时,从江汊柳茅丛里突然冲出一队人马,这些人,手持大刀和长枪呼喊着驱船直奔而来。

原来船队遇到了打劫的江匪。

江匪穷追不舍,尾随其后,越逼越近。顿时,船队里孩子哭,女人叫,乱作了一团。

部落总长镇定自若,令船工加快划船速度,令兵丁莫日根护船队布后迎敌。

兵丁莫日根护船队员手持鱼叉和猎枪拦截追上来的江匪,展开了殊死的拼杀,直杀得天昏地暗,血染江水。寡不敌众,死伤过半。

恰在危难之时,骤然天降暴雨,风起浪涌,船从峰顶一下跌入浪谷,船的周围变成了一片水的世界,只见头顶一方昏暗的天空。双方无法交战,兵丁莫日根护船队员趁机边打边撤,江匪见天色大黑,部落船队已经看不见踪影,无心和莫日根护船队员恋战,放弃了追杀。

话说此时在首船的部落总长,像鱼叉扎进了他的心里,"难道说,灭顶之灾这次躲不过了?不会的。"他自信葛依克勒氏族是赫哲不灭的氏族!他向后船传递着他的命令,指挥岌岌可危的船队

敖其古村落

第二章　千古传奇

47

敖其的传说（赵营 绘）

靠南岸行驶抵御风浪。

　　可能是天意的安排,前方出现了一片皎皎的光亮,大江南岸出现了一个好大的甩弯,看上去像是一轮明亮的月牙,天降下了一个避风的江湾。几乎绝望的船只好像濒临绝气的孩子扑进了妈妈的怀抱。

　　部落总长兴奋地命所有船只靠岸避难。过不多时兵丁莫日根护船队员也赶了上来。

　　这时候,风停了,雨已变小,部落总长选择一块江边岗地(今敖其镇粮库址),命搭"保斯昂库"和"傲苟"(用布搭成的小屋)先安置妇女和儿童。

　　葛依克勒氏族在饥饿中又度过了一个漫漫而寒冷的长夜。

鸟雀的杂噪声唤醒了部落总长,他睁开眼,"喜翁"(太阳)已从眼前连绵的山头升起。手下来报,劳顿冻饿惊恐的妇女和孩子病了很多,兽肉干、"他斯恨"(炒鱼毛)不足吃一顿了。

总长一边命食物一律留给孩子,一边令20名渔手下江打鱼,派20名猎手上山狩猎。可江里无鱼,山里无兽,都空手而归。

这时萨满建议总长供奉神灵,求神灵保佑氏族。没有猪,用剩余不多的"他斯恨"和兽肉干顶替;没有香,采来圣克烈(达紫香)花枝当香给神灵上供。点起篝火,跳起萨满舞,祷告神灵,求神灵搭救。

话说也怪,正午时分,只见天空一道闪亮,一个"抄罗子"(形似笊篱,捞鱼的工具),"刷……啪"地一声响,从天而降,落在了部落总长的脚下。

此时,一只雄鹰在上空盘旋。"嘎隆,嘎隆,葛依克勒……"总长感激地望着天空,阳光高照,雄鹰呼扇几下闪光的金翅,飞走了。

总长信步来到了江边,把"抄罗子"放进松花江,顿时,鲤、鳊、鲑、"三花五罗"鱼群朝"抄罗子"涌来,一抄罗子一抄罗子满满的鱼捕上岸来,真是抄不完也捕不尽。

"玛夫卡"(熊神)受天神之命,令各山头的黑熊、野猪、狍子和鹿等山兽云集到这里的七座山头,惠济葛依克勒人。

江有鱼山有兽,葛依克勒人迎来了少有的富足,不几日就都强壮了身体,妇女们忙着赶制鱼皮衣,孩童无忧无虑地玩耍,一派喜气融融。

部落总长也喜在心里,环视四周,但见此地:东、南依群山,西有潺潺的小河,北靠滔滔松花江,真是天赐葛依克勒人的风水宝地,决定留此地繁衍生息。便命伐木、打草、盖房,从此就世居在这片土地上。

上天赐给的这把"抄罗子"搭救了葛依克勒人,所以决定村子的名字就叫"抄罗子"。"抄罗子"一词,赫哲语发音为"敖其",故而得名。

奇怪的是当年天降"抄罗子"的地方,长出了一棵柳树。这棵柳树根深叶茂,虽久经沧桑但枝丫发达。多少年来,敖其不管是遇到多大的天灾人祸,只要来到老柳树前祷告一声儿,就会化险为夷。敖其的祖祖辈辈的人们都敬它为"巫妈妈"。

二、鱼儿的记忆

在敖其镇西永安河口西部,松花江南岸二级台地上,有一处古遗址——永安翻砂厂遗址。遗址中心地带已成耕地,田垄中可见陶器残片、陶网坠、布纹瓦等。在遗址东侧房基地层剖面中,有陶器、红烧土、木炭屑及动物烧骨、鱼骨等。经黑龙江省考古研究所确认,为一处辽金时代遗存叠压于原始社会遗存之上的遗址。遗址有大量鱼骨出土,表明这里为一个古代的传统捕鱼场地。

古代遗址证明,敖其一带松花江中曾经有过鱼儿丰盛的历史。

那么,那时都有过什么鱼呢?

对此,年长赫哲人留存着遥远的记忆。

鳇鱼,赫哲语"阿真",嘴长尖,无鳞,脊背两肋,有三道骨甲,甲皮厚,无刺,骨有脆骨,肉味甚佳,大者八尺以上,清朝时为贡品。

鲟鱼,赫哲语"七里浮子",形状似鳇鱼,但鼻子较短细白,大者不过六尺,肉不及鳇鱼。

淮子鱼，头扁嘴大，尾细无鳞，大者丈余，口中多牙，唇外有长须。

江湾捕鳇（迟玉彼　摄）

牛尾巴鱼，比鲇鱼大，有划水，腰上有刺，尾圆无鳞。

细鳞鱼，似白肚鳟鱼，腰平微白，鳞间有花，刺少，大者不过二尺，肉味较佳。

狗鱼，因其齿如狗得名，大者长三四尺，其口似鸭。

胖头鱼，头大而圆，夏日肥，鳞细口齐，胖者味佳。

鲤子鱼，嘴大，躬腰，两肋中间顺鳞。

岛子鱼，又叫翘头鱼或白鱼，身扁白色，撅嘴细鳞，为松花江的特产，肉细味鲜，为前清的贡品。

草根鱼，形似鲤鱼，淡黑色，以草根为食。

达巴哈鱼，赫哲语"刀依嘛哈"（意为"其来有时"）。生于河，长于海，死于河，每至七八月间，逆流而上，所产极多，子大，皮可做衣服等。

白肚鳟鱼，赫哲语"哲罗"，腰背淡黑而红，巨口尖牙，肚囊白色细鳞，四鳃，生于寒水内，大者五尺余，肉极细，味佳。

鳡条鱼，嘴尖，头身圆，鳞细，刺多，力大。大者五尺余，肉味平。

鳊鱼，又叫鳊花鱼，身扁而宽，卷嘴，鳞细，味好。

黑鳊花鱼，扁而宽，大者将近二尺，似鳊花，色黑。

鳌花鱼，宽而短，腰行上有十道刺，身有黄花，刺少肉厚。

鲇鱼，似淮子而小，大者不过二尺，身无鳞，而口有须。

重唇鱼，唇重而厚，口可伸缩，腹平，鳞大，色赤，每尾数两，没有

第二章　千古传奇

大的。

鲫鱼,似鲤,身小,肚大。

黑鱼,身圆而色黑,口唇而细牙。

当时,捕鱼方法有:

鱼钩:钩鳇鱼者,钩长四五寸,横绳一条,两端拴石沉至水底。横绳长数丈,绳中间挨次拴以小绳,长二尺许,上端拴一木漂,使此绳在水中向上直立,此小绳中间拴以四五寸铁钩,上下距离相称。另系大木漂,使浮水面至其处。其系钩处并无食饵,唯使鱼见水中所系木漂,类似食物,向前欲吞,知是误认回身欲去,才掉尾以击此木漂,而小钩绳也随之而倒,不料钩尖向鱼腹横刺,也就钩住了。

下长钩:也叫扔钩,取长绳一条,另用丝绳拴钩数十把,把钩上拴苏油箍一块,二寸长方形,鱼食苏油箍时,这些钩因水力激动,鱼眼遭触,鱼儿发怒,于是先吞近处鱼钩,后去吞饵,便逃脱不得。

坐安口:冬日在冰上用茅草覆作尖形屋。屋中间穿冰眼。渔民坐在冰眼旁边,准备大、小鱼叉各一柄,视出现的鱼儿的大小选择使用。叉鱼的原理是:冬日里冰下的鱼喜欢奔向亮处和出来换气,聚集到冰眼水中游动,渔民在暗中透过清水即可见到,晚上则点亮松明

在江湾下"围子"

在江湾叉鱼

杀生鱼　　　　　　　　　　　　冰上冬钓

或灯火,待鱼儿来临,便投叉捕获。

大网网捕:此网用麻绳结成,网长二十余丈,宽丈余,下坠铁铰,上拴木漂,每网约用渔民二十余人,这种方式可捕到大量的鱼儿。

赫哲族在食鱼方式上也很独特,具体方式有:

杀生鱼:杀生的鱼多用鲤鱼、草根、七里浮子。做法是先将活鱼由尾际割口放血,将两侧鱼肉片下,带小刺横切成片,再切成丝,皮用火烤后切丝,将肥鱼肚去皮切横片,加白菜丝、韭菜略用水焯,切一寸长,豆芽、姜丝、葱丝、蒜苗、萝卜丝、辣椒油、醋、盐末等做调料和食之。

烧他拉哈:将三四斤重的整鱼,用柳条穿上,插在火堆旁烤熟,鳞自动脱落,去掉肠杂,蘸盐面吃。

薄花子:冬日趁冻将鲤、鲢、钩心等鱼切片,蘸盐面吃。

炸鱼果子:将鱼肉切成寸方块,加盐椒蒸熟,用鱼油炸去水汽,味道甚美,可久藏不坏。

鳇鱼干子:将鱼肉切成寸方、尺许长条,晒干,食时加油、酱、椒、姜,用锅焖后吃。

三、龙头拐杖的来历

在敖其新村的文博馆里，陈列着一把龙头拐杖和黄马褂等物品，引来了许多游客的好奇。当年代表皇威象征的龙杖，为什么能流落到偏僻荒野的敖其赫哲人葛家呢？原来，这把龙头拐杖的来历有着一段故事。

传说，葛家全保在清朝时期，由于作战有功,赏顶戴蓝翎,赐号巴图鲁。巴图鲁乃为勇将,是能干之意。这种殊荣只有战功卓著的勇士才有资格获得,是满族军人的最高荣誉称号,人称他"铁爷"。全保人高马大,武艺高强,作战勇猛,铁骨铮铮,喜好饮酒交友。

一次,他喝醉了酒,骑上大白马在皇宫里横冲直撞。不巧,大白马冲撞了正在科考的考台。考台突然晃动,让科考台上的人惊慌失措。有谁会想到嘉庆皇帝就威坐台上,这叫惊驾之罪啊。

侍卫押解全保面见皇上。皇上说："下面是什么人？你好大的胆子,知道惊驾是什么罪吗？"说完,传令手下将他推出去斩了。

这时,有多位重臣上前奏请皇上,历陈全保的战绩功劳,说他是当朝少有的武将志士,饶他一命,给他戴罪立功的机会。

皇上听着有道理,便细看了台下的全保,说："念众臣为你求情,我先见识见识你的武功吧。一马三箭,一马三枪,怎么样？若能通得过,免你一死。"

这时的全保已是惊驾后的酒醒,谢主隆恩后,跃身上马,肩挎箭筒和长枪,英姿飒爽地站立靶场。

先是一马三箭。百米处悬挂三枚铜钱,只见全保策马快跑,面对标靶拉开弓箭,"嗖"地一道寒光闪过,那支箭穿过了一枚铜钱,在场的人静得连喘息的声音都能听得见;白马继续奔跑,全保突然一个侧身,"嗖"地一个快箭,准确无误射中铜钱,场上掌声雷动;白马疾跑中,全保来了个大回转身,"嗖"地一箭又射中了,场下又是一片的掌声,连皇上都高兴地鼓起掌来。

接着是一马三枪。二百米距离的稻草人,在隐蔽的场地里游动。白马嘶鸣着在场地上发疯似的奔跑,全保正身举枪,"叭",稻草人随着枪声倒下;第二枪,全保来了个大回转举枪,第三枪,全保来了个扭身举枪,"叭""叭",稻草人都应声倒下了。

皇上脸上溢着满意的笑容,说:"考虑你对朕忠心耿耿,武艺又高强,从今往后就陪朕练武吧。"于是全保成了皇上的武功老师。后来,皇上封他为"帅"。从那时起,人们不再叫他"铁爷"了,改叫他"撞爷"了。

后来,全保年事已高,告老还乡回到了敖其,嘉庆皇上赐他龙头拐杖一把,黄马褂一件,小车子,拨银两修建宅院,让他颐养天年。

这把龙头拐杖是皇上的龙威,那座宅院是全保富贵的骄傲和尊严。所以说,凡是路经这里的大小官员,文官的都下轿,武官的都下马。

时过境迁,全保已故去,人们也因此淡忘了旧时的规矩。

一次,一支骑兵官兵路过这里,非但没有下马,还在宅子的大门口高声地喊叫:"人呢? 快出来,老子渴死了,快搞些水来喝! "

护院的人打开门说:"你是哪位? 搞错了吧?叫谁呢? "

骑马的军士说:"说你呢! 要你给我搞些水来喝! "

护院的人说:"凭什么让我伺候你呀? "

龙头拐杖的来历 （赵营 绘）

　　一个官模样的人下马指着那个护院的人说："把他抓了，给我治罪！老子在战场上卖命，喝口水还这样受屈儿，误了行军你负罪啊？给我揍！"几个卫兵上来就要动武，护院人一看要吃亏，忙说软话："我说错了，我给你们搞水去。"

　　可那些人不依不饶，非要揍护院的人一顿才觉得解气，还要把人带走。

　　门外的吵吵嚷嚷声惊动了门里的小脚老太太。小脚老太太何许人也？她是葛氏依川阿的正妻，因为个子长得小，又缠着一双小脚儿，背地里人们都唤她小脚老太太。小脚老太太为人直爽，心地善良，因为她是老辈儿，族里威望又高，有什么事情她都能压茬儿。

她在女佣们的搀扶下，手里拿着一个长杆儿旱烟袋，被簇拥着出得门来，很镇定地说："怎么的了？吵吵嚷嚷的，犯什么法了，还要抓人？"

那个官模样的人说："误了我们行军，你说犯什么法了？带走！"

小脚老太太温和地说："你们征战南北的确很不易，没有给你们搞水去确实不对。"转身和那个护院的人说："快去，为将士们烧锅开水，泡泡脚解解乏！"

没承想，那位官模样的人说："得得，不用了，把人带走！"小脚老太太见状，急眼了，把脸一沉，说："慢！慢！敬酒不吃吃罚酒啊！"她回转身对下人说："快去，把皇上赐给的龙头拐杖、黄马褂都给我请出来，让他们见识见识我们家的皇恩浩荡！"

小脚老太太穿上了黄马褂，手握龙头拐杖威严地立在那里。五十多个骑在马上的士兵下马跪拜。小脚老太太说："怎么样？有哪位陪我一道去见皇上，当着皇上的面向你们讨教！"

那位官儿模样的人慌忙跪下说："不敢不敢！"小脚老太太走上前去，很生气地用手里的烟袋锅往那个人的头上好一顿"梆梆""梆梆"地磕打。一边磕打，一边说："没规矩的东西，以后看谁还敢欺负我们！"

消息很快传开了，从那次以后，再有过往的各地官府官员路经这里，都非常自觉地下轿下马了。

四、御赐土地西墙号

宣统年间,宣统皇帝下诏书表彰敖其赫哲人葛贵启剿匪锄奸保一方平安有功,御赐给土地两方。皇帝赐给的这块地儿就在现今的敖其镇敖其中学后身,地号名叫西墙号。

宣统年间,土匪猖獗,经常下山扰民,烧杀抢掠,民不聊生,赫哲人居住的敖其也深受其害。葛氏家族里有一个叫葛贵启的人,为人豪爽仗义,好打不平,一身的功夫。在宣统二年,也就是1910年,他

地神神偶

自发组织了一支剿匪队,队员们都是当地的能人志士。这支剿匪队纪律严明,管理严格,在很短的时间里,就成功地清剿了几个匪窝。从此,葛贵启的剿匪队在方圆百里名气大振。

当时的清朝政府无力管理边塞的治安,得知葛贵启剿匪队的剿匪威力,便下旨命葛贵启为佳木斯区域,包括土龙、金沟、江北的圈河的剿匪总部长。

葛贵启骑着一匹菊花大马,手提一把从不离手的马棒。剿匪队员若是犯了队规,葛贵启惩罚队员的办法就是马棒伺候。所以说,队员们见到马棒就觉得发憷。久而久之,有谁会为犯一次队规而遭受一顿马棒的残酷捶打呢?每次剿匪结束,被俘虏的匪徒都要经历一次马棒的考验。匪徒们每听说马棒,就会闻风丧胆,望风而逃。

一次,葛贵启抓到了一个小匪头目。这个小匪头目很强硬,队员们让他给葛贵启下跪,他死活不跪。葛贵启上前推开队员,照着他的腿就是狠狠地一棒,棒落腿折,"哎哟!""哎哟!"他跪倒在地,信口喊道:"马棒——要命啊!"从此,没有人再叫他葛贵启了,"葛马棒"名震四方。

在佳木斯区域范围,没有人不知葛马棒的。葛马棒的马棒一举就是命令,马棒举到哪儿,哪儿就是战场,马棒成为剿匪队的一种威力象征。

有一次,剿匪队路过金沟时,发现一伙土匪正在抢金子。葛马棒立即指挥队员上山战斗,不承想这伙土匪实力很强,葛马棒的队员死伤好几个。葛马棒大发雷霆,自己赤膊上阵,骑上菊花大马,挥舞着马棒一顿厮杀,匪徒大部逃窜,最后,抓住了18名匪徒。

葛马棒失去了手下很痛心,放下手里的马棒说:"今天我不用马

御赐土地西墙号(赵营 绘)

棒了!"他顺手拿起了一把砍刀说:"我要亲手砍了这帮无恶不作的恶人!"

他对金沟把头说:"叫伙夫做锅费啊勒特恩(面片),让这帮兔羔子吃了好上路!"

18名匪徒一条线式地跪在山间的林地,吃饱了啊勒特恩,在等待着葛马棒的砍头。因为他们清楚,葛马棒心狠手辣,让他捉住就不会有好下场。

葛马棒让金沟把头也盛碗啊勒特恩,让他边吃边看着他砍匪徒的头。他说:"要让所有的土匪知道,在我管的地盘儿有谁胆敢来撒野,就是砍头的下场!"

金沟把头"扑里噗噜""扑里噗噜"地喝着啊勒特恩,葛马棒举着"砍刀""喊哩喀喳""喊哩喀喳"地砍着匪徒的头颅。刀到头落,血染满地。砍第 18 个的时候,金沟把头的一碗啊勒特恩还没喝完。葛马棒超人的威力和勇气,他的疾恶如仇的品格,让在场的所有人敬重和佩服。

葛马棒用刀挑着第 18 个头颅说:"铲恶锄奸天经地义,送他们到阴曹地府去做猪狗吧!这是他们的报应!"

葛马棒对匪徒砍头示众后,队伍整装要出发时,被深受匪徒蹂躏的当地百姓围住了。为什么呢?乡亲们说:"有葛马棒就有我们的安宁,葛马棒就是救星啊!"

当天晚上,乡亲们备酒上菜,好一顿乐呵。

正喝着,门外响起了锣鼓声,原来,乡亲们为葛马棒送万民伞来了。但见万民伞上书:"保土保民申正义,除匪锄奸盖世雄。"

乡亲们又向皇帝写了万民奏折。于是,当朝宣统皇帝为了表彰葛马棒的功绩,御赐葛马棒土地两方,可葛马棒把得到的土地全分给了当地的百姓。

在以后的岁月里,人们几乎忘记了葛马棒真实的名字,可葛贵启的英名豪气却永远地铭记在人们的心中。

西墙号,每当敖其人种到这块地的时候,种地人总会向后人说:"知道吗?这块地是你祖爷剿匪有功,当朝皇帝御赐的。"从豪迈的话语里能体会得到,那种自豪,那种对先人的崇敬之情!

五、祥八爷南山射大蟒

南山在敖其村正南,树木茂密,陡峭险峻,与敖其的西山、簸箕山相连。这里曾是抗联打击日寇的战场,也是敖其人狩猎、伏击土匪的最佳去处。

这里要说的是敖其赫哲人葛祥海,人们送给他一个绰号叫祥八爷。这个祥八爷有着传奇的色彩。

祥八爷年轻的时候,是掌管敖其葛依克勒氏族事务的大总管。葛家的里里外外,大事小情,红白喜事儿都是由他出头操办。祥八爷为人忠厚正派,人缘又好,练就了一手好枪法,还是当地有名的渔把头。

作为葛氏家族的总管,没有点真本事是撑不起这样一个大家族的。那年月,土匪抢劫肆虐,社会秩序混乱,由于他的沉稳、睿智、好枪法,他成为敖其当地的保安总长。

一次,土匪头子李忠祥带领三十多人夜袭敖其。土匪首先包围了葛家大院。打围时,祥八爷镇定自若,点射匪徒,一枪一个,弹无虚发。李忠祥见兄弟们个个倒下,不敢再恋战,立即撤离了葛家大院。

敖其南山飞禽走兽很多,祥八爷经常和哥哥葛富海上山狩猎。这天,太阳刚一升出地面,哥俩就上山了。随着祥八爷的"叭叭""叭叭"的清脆枪响,兔子、野鸡、狍子,一会儿工夫就打了不少。

富海兴高采烈地对祥八爷说:"可以了,今天你的手气不错啊,收获不小,该打道回府了!"祥八爷像是没有听到哥哥的话,眼睛还是那么专注地搜索着林间的目标。

哥哥见祥八爷没有搭他的话茬儿，也就没有再说什么，忙着整理手头的猎物。

祥八爷这时悄声地靠近哥哥的身边，一把把哥哥摁倒在雪地上，示意哥哥朝坡上看去。这一看可不得了，哥哥差点儿喊出声来，忙用手掩住了嘴巴。

怎么得了？原来，一条大蟒虫张大了嘴巴，正吸住了一只正在奔跑的梅花鹿。实际

祥八爷南山射大蟒　（赵营 绘）

上，开始，祥八爷只是发现了那只梅花鹿，正要开枪，可奇怪地发现梅花鹿在那里是纹丝不动的。再细看，才看到梅花鹿身后的那只庞然大物。

看上去，大蟒虫身子有盆口那么粗，张大的血红嘴巴足有水缸口那么大，眼睛像灯泡，亮亮地发出瑟瑟的凶光，舌须卷动着，令人毛骨悚然。哥哥富海顿时冒出了一身冷汗。

那条大蟒虫似乎发现了祥八爷和富海，晃动着蛇头，朝他们张望。富海吓得闭上了双眼。他们与大蟒虫距离不足 50 米，若是大蟒虫发觉的话，"刷"地一个瞬间，大蟒虫的一个走身，就会把他俩轻易

地吞掉。

祥八爷并没有被突发事件打乱自己的注意力，而是临阵不惧，镇定自若，手中的枪始终处于点发状态。祥八爷心里明白，此时，不能轻易地惊动大虫，让大虫轻松地吃掉梅花鹿就会自然走开。若是惊动了大虫，面临的威胁就难以想象了。他大气不敢出，眼睛不敢眨一下，不放过大虫的每一个哪怕是一点点的微妙细节。

没承想，那条大蟒虫真的扔掉了梅花鹿，就在蛇头刚微微转向他俩时，说时迟那时快，祥八爷手中的苏式 7.62 猎枪响了，"叭叭""叭叭""叭叭"一阵连珠炮式的射击，枪声震荡在寂静的林间，那连发的子弹正中大蟒虫张大的嘴巴。顿时，大蟒虫从嘴里喷出一股血来，扬起的高大身躯扭曲着向坡下滚去。只听得树枝被"噼里啪啦""嘁哩喀喳"折断的响声，大蟒虫跌倒的气浪呼啸着朝他哥俩袭来。祥八爷扯起哥哥富海的手，起身就向山下拼命般地跑去，只听得身后重重的一声"啪唧"拍地的声响。

那条大蟒虫是死是活，祥八爷心里没有底，想到那天的恐惧，事后也没敢回去看个究竟。那一年冬天，他和哥哥富海也就再没敢进南山。

直到转年开春，哥俩骑着马特意来到那里，想看个究竟。发现大蟒虫的尸体已经腐烂，裸露着蛇皮和庞大的大虫骨架，骨刺粗大得像猪的排骨。

南山仍然是林木葱郁，陡峭险峻。几十年过去了，走进山间，祥八爷的后人葛文鹏似乎仍能听得到祥八爷当年"叭叭"地射大虫的连发枪声。祥八爷的那种胆识、智慧、勇猛像一幅木刻的版画那样，深深地铭刻在后人们的心里。

第三章

DI SAN ZHANG

义薄云天

一、尚坚乌黑之役

尚坚乌黑,是个地名,就是现今佳木斯市郊区敖其镇的山音村。有谁会想到,这个不起眼的地方(1814 年前就有赫哲族人居住,时称倭肯河东边的地方),就是三百多年前发生了大胜沙俄侵略军战役的战场。

顺治年间,俄军不断向清挑衅,清政府一面操练兵马,修筑工事;一面坚壁清野,将松花江下游居民向内地迁徙。顺治十五年(1658 年),沙俄斯捷潘诺夫侵略军驾船溯松花江而上,清军在尚坚乌黑这个地方痛击了俄军。翌年,继续讨伐俄军,打死、生俘 270 人,侵略军头目斯捷潘诺夫被击毙。

且说侵略者头目斯捷潘诺夫过了横江口(今同江三江口),命令波雅克夫为先头部队,一前一后,进入松花江。松花江江水宽阔、水色浑黄,大江两岸地势平坦,土质肥沃,由于清王朝实行移民垦殖政策,内地移民陆续东来,沿江上下两岸定居,建立大小村寨,亦农、亦牧、亦渔,熙熙而乐,进而清政府又令吉林将军、宁古塔昂邦章京派

第三章　义薄云天

65

尚坚乌黑古战场遗址采集到的铁刀

兵屯垦,清政府官员定期巡边,宁古塔所属沿松花江中下游及黑龙江中下游,下设三姓驻防,每年向各部落收取贡物,多是鱼、兽皮之类,三姓驻防兵丁300人,尚有定期轮戍那乃(赫哲人)武士200人,不定期沿江巡查,富克锦(富锦)有那乃武士100名守戍。

此时正当秋汛季节,那乃卫士都回赫哲部落捕鱼未归,都统府只有300甲兵戍守。前几天接到托思科头人报信,俄匪徒大股进犯,十分危急,既而修书派快马呈报宁古塔将军。

再说斯捷潘诺夫匪徒,一路烧杀掠夺,袭击了尼尔泊部落、古布扎拉部落、富查理部落、蒙古力部落、苏苏部落等沿江十几个赫哲部落,所过沿途一片哀鸿。

有一天,波雅克夫的侦察小队来到一处江岸,发现沿岸悬崖陡峭,岸壁一片灰白色,在岸壁下一字排开有百只兵船,摇旗呐喊,战鼓声声。他立即将船队收拢靠在北岸一片浅滩上,急忙派人送信报

征集到的俄式军刀

斯捷潘诺夫,斯捷潘诺夫听后,思量一会儿,决定派主力船只快速向前赶去,到了下午时分,大队人马和波雅克夫会合了。

原来三姓驻防,发现大股俄国侵略者船队正缓缓向尚坚乌黑部落奔来,沙尔虎达率领全队 300 名士兵,连夜急行军来到尚坚乌黑安营扎寨,立即布置一百只小船,每船上两名士兵,船头插满黄龙旗,一名舵手,一名弓箭手,沿着尚坚乌黑江面一字长蛇排开来,同时在尚坚乌黑悬崖下,征集来几只布帆船,船上是部落渔民,手持渔叉,在船头点起一堆烟火,远远望去,白色悬崖下,一片迷蒙烟雾,无数大帆船整装待发。这种疑兵之计,确实震慑了斯捷潘诺夫。当斯捷潘诺夫站到船头向南岸望去,在一片落日余晖里,尚坚乌黑高高悬崖下迷蒙中,仿佛埋伏着数千甲兵,江中百余艘旗幡招展的兵船,自然是诱敌之计,看了一会儿不觉心头大惊。于是斯捷潘诺夫命令波雅克夫掉转船头,大队人马纷纷后撤。黄昏降临了,俄国侵略者匪徒

沙俄炮弹头和火药壶

船队,隐蔽在一处沙滩柳林下。

　　三天后的一天早晨,忽然从江上游驶来上百号战船,前头一只大船上高高飘扬一个帅字大旗,三姓驻防官兵,沿江排列,迎接宁古塔昂邦章京沙尔虎达大队人马到来。沙尔虎达何许人也?原来沙尔虎达是正黄旗出身,一生征战,屡立战功,多次受到皇帝嘉奖晋封。他作战勇猛,被称为清王朝十大虎将之一,因功赏黄马褂加身,官封一品,赴任宁古塔昂邦章京。宁古塔地处松花江上游,辖区松花江、黑龙江、乌苏里江一带广大区域,地广人稀,草密林丰。近几年沙俄匪帮多次烧掠沿江村寨,沙尔虎达不敢懈怠,多次上报朝廷,出兵征讨匪徒,终日练习兵马,操练水军,督造水上大小战船,又申请朝廷军机处,下拨给宁古塔十尊红衣大炮,以加强军备。当他接到三姓驻防军报后,立即上书朝廷,同时日夜督练军兵,择日拔锚起航,率领百余艘战船,二千余名兵丁,浩浩荡荡向松花江下游驶来。

尚坚乌黑之役（赵营 绘）

话说斯捷潘诺夫大队在北岸沙滩隐蔽几天后，一见没有什么动静，于是派波雅克夫小队速去尚坚乌黑打探，斯捷潘诺夫大队按兵不动。波雅克夫五只匪船，刚刚进到尚坚乌黑水面，只见沿岸排列上百艘帆船，旌旗招展，这下子波雅克夫吓呆了，小船在距对岸200米水面上不敢前行，一个劲儿直打转，不知所措。正当波雅克夫想掉转船头往回跑的当儿，对面战船上突然响起震天炮声，一阵烟火，在波雅克夫船队中炸开了花，顿时一片慌叫声，炮声隆隆四起，十余只快船冲过来，鼓声大作，喊杀连天，迅速冲进波雅克夫船队中，波雅克夫当场被炮弹击中，连人带船葬送江底，其余几只船也中弹起火，清兵弓箭手纷纷射击,箭如飞蝗,顿时匪船一片哭天叫地声,除了一只匪船拼命向下游逃走外,其余船队人马全部被击毙。

这一仗,波雅克夫几乎全军覆灭,只有一只小船6名匪徒侥幸逃生,如丧家之犬,惶惶然逃回斯捷潘诺夫大股船队,向斯捷潘诺夫汇报了波雅克夫全军覆灭的噩耗。听说清兵大队人马来到尚坚乌黑,斯捷潘诺夫匆匆吃过饭,立即命令船队迅速向下游走。

二、江通上的呼唤

早年赫哲人把江心岛唤作江通。松花江敖其的那个大甩湾形成的那个大岛,敖奇人就叫它敖其江通。

有谁知道,就在这个今天种满庄稼的江通上曾发生过惨烈的动人故事。

在清朝末年,敖其葛依克勒家族里,有三位亲兄弟,葛顺祥、葛恩祥、葛奎祥。葛顺祥是家族里的大总管,也就是小事儿不管,专管大事儿。葛恩祥和葛奎祥帮办事务。

三位兄弟团结友好,志向相同,为人忠厚,耿直善良。他们都有着超长的技能,譬如,坐骑射击、观云视天象、阻击营救等。可以说,他们下江是打鱼的好手,上山是狩猎的好汉,打日本是公认的莫日根。

三兄弟讲义气,讲民族气节,痛恨那些为日本人做事儿、靠出卖自己同胞得好处的汉奸走狗。

大来镇北城子村有个叫刘奎的人,这个人专门打探并且向日本人提供抗联的行踪和抗日爱国人士的情报。

一天,葛顺祥得到可靠消息,这个刘奎向日本人报告了抗联

江通上的呼唤 （赵营 绘）

六军军长戴洪滨计划偷袭日本军营的情报。日本人要将计就计，趁机彻底消灭这支抗日的有生力量。葛顺祥派弟弟恩祥连夜进山通报戴洪滨将军，及时改变了作战计划，避免了一次重大的牺牲。葛顺祥和两兄弟商量，认为刘奎的危害后患无穷，决心为民除掉这个败类。

　　一天夜里，三兄弟带人包围了刘奎的家。做贼心虚的刘奎早有准备，他逃到了日本总部躲了起来。扑了个空的顺祥三兄弟，让刘奎的家人转告刘奎，做汉奸是没有好下场的。这一来，刘奎就在小日本那里对葛氏三兄弟使上了暗劲,时刻找机会伺机报复。

实际上,三兄弟1931年就加入了抗日组织,利用方便的身份开展地下抗日工作。他们经常暗地里组织游击队配合大部队作战,平时为抗联提供军用物资和收集军事情报。

1936年的一个冬天,汉奸刘奎告密,小日本包围了葛家。经过激战,葛恩祥、葛奎祥、葛文辉三人被抓。小日本对他们严刑拷打,灌辣椒水、坐老虎凳等酷刑,一一用过,三人宁死不屈,想从他们的口中得到抗联情报的想法破产。

气急败坏的小日本,把他们五花大绑,押到了敖其江通。那天的江通,大雪泡天,滴水成冰。恩祥、奎祥、文辉光着头,穿着单衣,浑身是血。十几个小日本举着冰镩,"咔哧""咔哧"地镩着江冰,不一会儿,就凿出了三个冰窟窿。

刘奎指着三个冰窟窿对奎祥说:"怎么样? 舒服吧。和老子对着干有什么好处?这三个冰窟窿就是给你们预备的。哈哈哈! "刘奎得意地狂笑着。

奎祥凛然地说:"死有什么可怕? 死了我们是莫日根! 你呢? 民族的败类,侵略者的走狗,没有你的好下场! "

刘奎奸笑着说:"我是今朝有酒今朝醉。你呢? 死了,可我还是活着,享乐着。哈哈哈! "

刘奎又来到恩祥的面前说:"怎么样? 你呢?赶紧说还赶趟儿。只要是说出抗联的去向,保你个小命,我说了算! "

恩祥愤恨地啐了他一口唾沫,说:"不要脸的东西,猖狂不了几天。我后悔就是没能亲手除掉你这个败类! 等我到了阴曹地府再说吧! "

小日本见没有什么结果,向刽子手挥手示意下手。葛恩祥、葛奎祥被小日本塞进了冰窟窿,两位莫日根就这样牺牲了。

葛顺祥听说恩祥、葛奎祥两兄弟牺牲的消息,痛不欲生,哭了三天三夜。他望眼欲穿对天长叹,唤着兄弟的名字,一个月后,葛顺祥病故。

有人说,在很长的一段时间里,在江涌里总能听到葛顺祥呼唤葛恩祥、葛奎祥的名字的声音。

后来葛家又生了一个儿子,起名葛恩奎。为了怀念为抗日牺牲的葛恩祥、葛奎祥两位莫日根,葛恩奎的名字就是取恩祥、奎相中间的那两个字。

三、莫日根"笑老五"

据历史考证,在佳木斯的区域范围内,过去都是赫哲人繁衍生息的地方,其中敖其就是赫哲人葛家建的村屯。赫哲人的葛家却是一个莫日根(赫哲语"英雄"之意)辈出的氏族,在历史的长河里,为后人创造出了许许多多的传奇式的故事。

抗日战争期间,敖其是抗日的战场,是抗日联军第六军夏云杰部队活跃的地区。当年为了便于抗日活动的管理,把各村划分为区,大来为七区,永安为八区,敖其的赫哲人葛根祥为大来和永安地区的抗日总会长。

葛根祥,红脸膛,大高个,体格健壮,性格豪爽勇猛,一手好枪法。因为出过天花脸上有麻点,也有人称他"葛麻子"。

葛根祥为了保证抗联活动的正常开展,组建了锄奸队,专门清除那些为日本人通风报信儿的汉奸走狗,切断日本人想剿除抗日有生力量的信息来源。

莫日根"笑老五"（赵营　绘）

　　葛根祥排查管区内的可疑人物和线索，发现了就抓，毫不松懈。他每次抓住了先是教育，对有真心悔改的便发展和培养成内线为我所用。屡教不改的，他从不枪杀，而是一律扔进松花江淹死。他说："对这样的人要节省一颗子弹，要让那些出卖祖国民族的败类得到威慑！"

有一天,通过内线得知,大来镇长寿村有个叫谭广孝的人,经常鬼鬼祟祟和一些不三不四的人来往,并且天天闹得很晚才回家,小脸儿喝得通红。葛根祥带人深夜闯进他的家,谭广孝吓得战战兢兢地交代了自己做汉奸的经过。

葛根祥恨得咬牙切齿,"哈哈""哈哈"一连串的大笑,笑得谭广孝不知所措。葛根祥怒斥道:"你这个中国人的败类,为了一顿酒肉就会丧尽天良出卖同胞,罪该万死!"

锄奸队员们见葛根祥大笑,便把谭广孝五花大绑,拖到了松花江边,扔进了滚滚东去的江水里。

从那时起,审讯汉奸时凡是听到葛根祥大笑,那就是要扔进松花江了。后来,因为他在哥们中排行老五,所以,人们都叫他笑老五了。那些为日本人做事儿的人就怕笑老五的笑声。

笑老五的笑声威震方圆百里,闹得那些小日本的走狗们惶恐终日,也让日本人恨之入骨。

一次,笑老五接受抗联的指示,奔赴敖其板房子(现今沿江乡的民兴村)参加一个会议,结果汉奸告密,笑老五在途中被埋伏的日本鬼子抓住。

第三章 义薄云天

日本鬼子使尽了惩罚他的手段,坐老虎凳、鬼推磨、过火烧烙铁、灌辣椒水,几番死去,又几番活来。但是他铁板一块,钢筋铁骨,宁死不屈,令侵略者也不得不服。最后,气急败坏的敌人把他扔进了狗圈,让狗厮咬他,他使出浑身的力气与凶残的狗搏斗。那种惨烈的场面是我们现今的人们无法想象的。

抗联组织及时掌握了情况,千方百计组织力量营救,得知笑老五被关押在裕兴村(过去叫小三姓),半夜时分,经过精心的筹划,里应外合终于营救成功。

新中国成立后,笑老五因身受重残,体弱多病,当年灌辣椒水坐下了病根,气管哮喘病让他受尽折磨。1967 年,66 岁的曾威震敌人的莫日根、敖其赫哲人的骄傲——葛根祥老人离开了他所热爱的这片土地。

四、算命先生葛永祥

敖其村的赫哲人葛永祥,生于 1914 年。据他的次子葛文鹏介绍说,三岁那年,敖其瘟疫天花肆虐,他爹葛永祥患上天花,结果鼻子塌陷,眼睛失明,成了一位盲人。但是,他天资聪慧,过耳不忘,只要说过一个字的耳旁部首,他就会记忆深刻。大人在写契约时不会写的那个字,他会不含糊地告诉你。还会说一口流利标准的赫哲话,跳萨满舞,说唱伊玛堪。所以,族里的老少几辈儿人都喜欢他。

七岁那年,家里考虑他以后的生活,为他的生计早作打算。二爷葛凤祥背着他,送他到佳木斯东边的笔架山,让他跟一个姓门的算命先生学习算命卜卦。

十岁那年他出徒了,回到家,葛氏上下的老少都好奇地让他算,结果算得大家都觉得挺准,这样更让老辈人推崇了。后来,大人孩子都叫他"老先生"。从那时起,他开始走上了周游四方、卜卦算命的生涯。

开始人们见一个十岁的瞎孩子算命,都觉得好奇和好笑,像是调侃或是戏弄般地让他算算,可算起来却让每一个人刮目相看了。"正月凤凰二月貉,三月悬羊四月貂,五月孔雀六月燕,七鹅八鸳九老鹞,十月蟋蟀闹吵吵,十一乌鸦平地起,十二喜鹊落树梢。"头头是道念念有词,算一个准一个,在佳木斯一带,声名远扬。

过了一段时间,上至达官贵人,下至穷人百姓,纷至沓来,就连那些警长啊局长的,甚至土匪们也是车来车去地接送。更有意思的是日本鬼子也时而来找永祥算命卜卦战事。

有几次,在算命的时候,正算着,土匪、警长、日本人都碰到了一起,他们拔枪对峙。这时的永祥就会说:"在我这儿,你们就消停地算命卜卦,要打你们就到别处打去,怎么打,和我就都没关系啦。"说也奇怪,他这么一说,各方就很自然地平和了。

抗联十七团的一个营长,叫李春福。他的部队在一个叫湖南营的地方,让日本人的一个团打得稀里哗啦。他痛恨在心,总想寻机报仇。他找到永祥算了一卦,永祥为他跳萨满又敬神,经过掐算,说:"五月十二那天,在张林屯子南侧有个日本军营,注意要在半夜三更偷袭。不要骑马,不要抽烟,不要喝酒,保证全胜。"

李营长照永祥的话儿办了,你说邪不邪,那天晚上日本鬼子的哨兵都睡着了,他们勒死了哨兵,顺利地冲进了兵营,把睡得正香的日本鬼子都消灭在了睡梦里,李营长的一个连却消灭了日本鬼子一个营的兵力。算得太准了,李营长回来对他说:"多亏了你呀,小瞎子!"他给永祥送来了几袋小米、大洋、票证啥的,许多的东西,永祥只收下了小米。

1945年夏天的一天,永祥和乔春生从汤原下桦场(汤原镇东江村)摆渡过江回敖其。到了码头,永祥突然改变了摆渡的主意,对码头上的要摆渡的人群说:"有风,不要摆渡了,过一个时辰再说吧。"驾摆渡船的吴忠岩说:"没关系,天天在这儿驾船,心里有数着呢!"

算命先生葛永祥　（赵营 绘）

不听邪的人们都上了船。船刚驶出岸边三十多米的时候，一阵狂风刮过，摆渡船在风浪里颠簸着，一会儿工夫岸上的人眼睁睁着翻船了，船上的人全都扣进了滚滚的江水里。消息很快像长了翅膀，传遍了整个佳木斯，人们更加信服这位小瞎子了。

佳木斯当年有个叫义祥德的粮店，在粮店的旁边驻防着日本人的军营。警察署的人把他接到了军营里让他给算一下战事。原来，日本人要去汤原清剿抗联。他眨巴着眼睛，手指灵活地掐指算着，嘴里不停地念叨着："南歪北趔，东倒西趄……"然后，对日本人说："去不得，凶多吉少啊！"日本人急不可待地说："非去不可呢?"他又念念有词地说:"建太岁,除青龙,满丧门,平六合,定官府,指小耗,破大耗,危命公。"又说:"非要去的话,缓几日就避开了。"

可日本人剿除抗联的心很切,所以,半信半疑,还是提前上路了。当队伍走到了黄菠萝屯的地方,遭遇事先埋伏在那里的抗联夏云杰的部队伏击。好在日本人在心理上有所防备,及时调整战略,所以损失少了一些。日本人回来后,后悔不该不听小瞎子的忠告,找到小瞎子,赏赐了很多的东西。实际上,永祥为日本人算完后,算定了日本人必定要早动,便及时把情报告诉了在抗联的叔叔葛凤山、葛长安。

在日本统治期间,老百姓就连吃大米都是犯法的,经常被关进警察局蹲小号。有人知道永祥和警察局的关系,经常找永祥说情。但是警察局抓人是有指标的,有时永祥干脆替别人蹲小号。他在小号里,有吃有喝,警察给他很多的自由,在那里不耽搁算命挣钱,又能掌握许多的情报。

一次,日本鬼子又找他卜卦战事,永祥装模作样地叽咕:"钢刀一把,放在身旁,不斩天神,不斩地神,单斩妖魔鬼怪,斩天天开,斩地地裂,斩鬼鬼灭,我逢南天,太上老君,急急如律。"他和日本鬼子说:"缓两天再走。"日本鬼子不相信,那天非走不可。日本鬼子带着一百二十多人气势汹汹地向南大营子开去,走到兴升村时,遇上了葛长安组织的根祥、吉祥、相庭参加的阻击队伍,打得敌人落花流水。

连着吃了几次败仗后,日本鬼子对永祥产生了怀疑,到处找永祥再来算一卦。那天他们把永祥捉住了,在一个叫五股流的地方,四个日本兵扯着他的胳膊腿儿把他扔进了松花江。

第三章 义薄云天

永祥呛了口水，便昏厥了过去，漂流了不知几天几夜，一天被冲上了岸，一个姓王的东复中村渔民把他救回了家。

新中国成立后，生产队每年年底都要开一次班子会，都在他家开，哪块地儿种什么，种多少，地块的调整都听他的意见；过了年，小队开会，也都请他参加，按照他的种植意见基本上年年丰收高产。

具有传奇色彩的盲人葛永祥，1975 年 10 月 5 日，因肺病逝世。

五、葛长安"借枪"

葛长安 1888 年生于敖其，是葛春富的长子。在敖其的葛氏家族里，是个打鱼狩猎的好手。他生性爱喝酒，人们送他一个绰号叫"喝不倒"。他的水性也非常厉害，能在松花江里游上一天，带着酒葫芦，累了就喝上一口。

49 岁的那一年，他听说卜奎（齐齐哈尔）有一个军事院校就跑去报名，并且隐瞒了年龄，说自己 40 岁。在军事院校里他学习非常刻苦，科科课程优秀，校方见他浑身的霸气，脑子又聪慧，认为是位帅才的料，就破格提拔他为副营长。半年后，他被秘密派回了佳木斯组织民众抗日。

要拉队伍面临的就是缺少武器问题，长安他的首要任务就是想方设法从日本人那里得到武器和弹药。

一次，他获得情报，说是日本鬼子有两辆军车要从佳木斯赶往大来镇山音。长安作了精心的设计和安排，他带领部下选择了西大石砬子山作为埋伏地点。西大石砬子在大来镇山音村北二里处，是

抗日联军使用过的枪支

由白石碰子和二龙山等山峦组成的松花江岸边地带。

　　敌人的两辆汽车被堵截，枪声响起，车上的日本鬼子下车还击，长安的队伍边打边往西大石碰子山上撤退吸引敌人。长安则带领几位战士绕道返回日本鬼子的汽车上，击毙了车上三个留守的敌人，并且把汽车点着了，顿时火光冲天，日本鬼子见上当了，立即往回撤。长安带领战士们早已在那儿等候多时，后边有追兵，前边有迎敌，日本鬼子前后受击，死伤十多人，俘虏二十多人。这场战斗，长安获得了六十多支枪和部分弹药，及时补充了他领导的抗日队伍。

　　在与日本鬼子对抗当中，他觉得枪支等装备还是远远不能满足要求。他经过调查得知太平川大地主耿子修家有不少的枪支弹药，他决定上门借枪。

　　没承想,耿子修不借。在去之前,长安已经对耿子修做了调查。耿子修表面上中立,既不得罪抗联也不给日本人办事儿。实际上,狡猾的他背地里和日本人来往，和一个日本人搞起了倒卖枪支的买卖。

　　"想买多少?"耿子修说。

　　"100支枪,50箱子弹。"长安说。

　　"钱带来了吗?"

　　"没有钱。"

　　"那你来干什么?"

　　"我是来找你借枪的。"

葛长安"借枪"（赵营 绘）

"借？搭线的朋友和我没说是借啊！"耿子修满脸的不悦。

"是啊，我只借用50天，一天不差地还你，保证！"

耿子修奸笑了几声，脸上的肉抽动了几下，说："开玩笑吧，怎么可能？"

"我想是可能的。"长安很坚定地和他说。

"不可能！"耿子修强硬地说了一句。

"我看你是要发国难财，好话好说，要不我就以汉奸论处你！"

"你也别那么说，我做的是生意，和日本人没有关系！"

"我既然来了，就没考虑空手回去，要抗日把侵略者早点打出去，今天就是要看你的态度！"

"要是我不借给你，我就是汉奸？"

"说对了！"

"这不是强盗吗？"

长安手下的拔枪顶住了耿子修的脑袋，说："费什么口舌，不识时务的话就毙了你！"

耿子修吓得脸色苍白，嘴唇抖动着，说："怎么的……"

葛长安就来硬的，耿子修没办法，就说只能借50天，要是50天不还怎么办，长安说："我把瞎眼儿子葛永祥留你这儿押着，要是我不还，这孩子任你处置吧！"

瞎眼儿葛永祥知道爹借的枪是不会还的，在他爹借枪的第15天后趁着夜色逃跑了。就这样耿子修与葛长安结下了仇根儿。

耿子修派奸细掌握了葛长安队伍要奔往汤原大亮子河的行踪，报告了日本鬼子。长安他们途经太平川北山根子河套时，被日本鬼子的埋伏围歼。

第三章 义薄云天

那天仗打得很惨烈,河套上的那座木桥都被打着了火,后来人们就管着了火的桥叫火烧桥。在严峻的形势下,为了减少损失,保护抗日实力,长安命令当即解散队伍,分头突围。在战斗中,他肺部受到重伤,在战士拼命地掩护下才得以脱险。

在战斗中,他发现队员的花名册丢失,为了保证抗日勇士们的安全,长安就命大家改名。由此,葛祥海的名字就改成了葛相庭了。一个月后,长安牺牲了。

第四章
DI SI ZHANG

多彩文化

一、古老语言的"活化石"

赫哲族口耳相传的赫哲族语言,是赫哲族最重要的民族特征和民族文化精髓。

黑龙江省民族研究所在 2001 年对敖其村赫哲人掌握赫哲语状况,进行了入户调查。2001 年敖其村有 65 户赫哲族,以户为单位填写调查表的有 51 户,入户调查率为 78.46%,被调查的赫哲族人数为 129 人。

调查表明,129 人中,仅有 5 人在生产生活中偶尔用赫哲语交谈。这 5 个人的情况是,傅宝刚一家,即 1965 年出生的傅宝刚,1967 年出生的妻子尤忠美,1988 年出生和 1991 年出生的两个儿女;还有敖其村本地的葛亚军。

傅宝刚一家是从街津口搬迁到敖其村生活的,他们所说的赫哲语在搬到敖其村之前就已经学会了,调查进行时他们的户口还在街津口村。葛亚军是因与傅宝刚一家一同工作,从他们那里学了些赫哲语单词,而且会说的单词非常有限。

所以说,当时敖其村没有掌握赫哲语的人。

2002 年 7 月,黑龙江省民族研究所利用对敖其村进行村民生活质量调查的机会,对敖其村赫哲族户进行逐户的语言能力的调查。结果与 2001 年的问卷式调查相同。

傅宝刚是街津口人,退役后在街津口渔场工作。改革开放后到佳木斯郊区的敖其镇开饭店。他的母亲会说赫哲语,但他本人会的不多,有时在食客面前想与妻子说些背人的话,恰巧知道赫哲语怎么说时就用赫哲语说。

妻子尤忠美也是街津口人,与傅宝刚结婚后到敖其村居住。夫妻是中学同学。母亲尤文兰、姥姥尤翠玉都是掌握赫哲语的人,她从小总能听到长辈们用赫哲语说些不方便他人或孩子们听到的话,长大后又受到亲属尤志贤的熏陶,自学了一些赫哲语单词。调查时她能说出来 67 个单词,分别是:基础数字类一至十,十一以上不会说;亲属称谓类 5 个;人体器官类 10 个;服饰类 3 个;家禽及动物类 2个;其他类 37 个单词。

傅宝刚的女儿和儿子是在母亲的教导下学会了几个赫哲语单词,平时不说,有时能听懂大人说的单词。

葛亚军是本地人,也在傅宝刚家饭店工作,因为同是赫哲族,而且知道傅宝刚夫妇有时用赫哲语表示一些意义,所以主动学了一些赫哲语单词,只知道"吃""醋""少少的"等几个单词。

2008 年 8 月 24 日,佳木斯市郊区赫哲族伊玛堪传习所在敖其举行开班仪式,正式拉开了赫哲族村民学习赫哲族语言的序幕。这个传习所聘任国家级赫哲族伊玛堪传承人吴明新教授赫哲族语言和伊玛堪演唱。每周六、周日下午一时到三时授课。开班时学员 30

名，坚持下来的有十五六名，经过近三年的学习，学员已经掌握了七八十个单词、上百句对话，能演唱三四段伊玛堪，唱嫁令阔两三首。

伊玛堪传习所学员班的"班长"张文忠，在村里开了一家酱肉店，妻子开了一家理发店，小日子过得红红火火。张文忠一直坚持学习赫哲语，并且非常喜欢伊玛堪演唱，现在已经学会了三四段，对于赫哲语简单对话已经游刃有余了。

敖其村赫哲族伊玛堪传习所、赫哲族鱼皮技艺传习所牌匾

学员葛淑芹住在离敖其村20公里的裕泰村，老家在依兰县，纯正的葛依克勒氏族赫哲人。她还记得小时候家里西屋里供奉的神像、族谱等神秘的东西。她的姑奶奶就会唱伊玛堪。女人唱的伊玛堪不像男人唱的内容都是渔猎和战争。女人唱的都是怎样抚养孩子，歌唱山川大地和花花草草。

葛淑芹每次到敖其学习赫哲语和伊玛堪，坐汽车来回要花8块钱，是一笔不小的开支，可她风雨不误，家里人也积极支持，她也就坚持下来了。她原本受过家庭熏陶，学习刻苦，仅学了一年多，就能唱五六段伊玛堪了。而且唱起来比较舒缓、温柔，属于地道的女式伊玛堪。她的儿子在北京打工，每当儿子放假回家，她就将所学的赫哲语和伊玛堪教给儿子。她说：等我将来有了孙子，一定从小就教他赫

哲语,唱伊玛堪,把它传承下去。

赫哲人以削木、裂革、插草、结绳记事,没有创造出自己的文字,却保留着本民族的语言。这是一种完全独立的民族语言,属于黏着语类型。按照传统的分类法,被列入包括满语、锡伯语、鄂温克语、鄂伦春语和历史上的女真语在内的满语支。

赫哲语同古女真语有其渊源关系,在语音、词汇和构词方法以及语法结构等诸方面,都具有女真语的一些基本特征。赫哲语言属阿尔泰语系,满洲—通古斯语族,与同一个语族的满语、锡伯语、鄂温克语和鄂伦春语都有许多相近之处。赫哲民族在长期与其他兄弟民族的交往中,其语言也受到了满族和汉族等语言的影响,所以,赫哲语中也带有其他兄弟民族的相同语和借入词。

其中与满族和锡伯族的相同语较多,如,阿玛(父亲)、额涅(母亲)、发(窗户)、伊罕(牛)、那罕(炕)、依兰(三)、转(十)、伊玛哈(鱼)等等。

语言班上,学员们认真听讲

早期从汉语中借入的词,则如扁西(扁食,即饺子)、奶油(奶奶)、处(醋)、业也(爷爷)、秦椒(青椒)、故姑(姑姑)、庆江(青酱)、扁都(扁豆)、吐都(土豆)等。

近期借入的汉语词就更多了,如:革命、干部、书记、党员、拖拉机、思想、电影、电视、方针、政策等等。

也有一小部分名词是通过俄语借入的外来语。如合列巴(面包)、岔色(钟表)、皮什克(火柴)、马什讷(机器)、马多罗(小机船)、丝勒鲁克(铁丝)等。

赫哲语中,尽管有一些相同语和借入语,但完全是赫哲族一种独立的民族语言,其中只有极少数借入词而不是全部混合语。

赫哲民族由于人口少,居住又极为分散,而且他们很早就与汉族杂居,所以男女老少均通晓汉语,与汉族和其他兄弟民族皆以汉语交往,不受语言方面的限制。到目前为止,在赫哲民族中,50岁以

在赫哲族伊玛堪培训班(第二期)上,用赫哲语学唱伊玛堪

上的老年人尚能用赫哲语对话和交往,但也不常用。由于在日常生活中不常用赫哲语,所以比较完整、熟练地用赫哲语讲话的人为数不多。近50岁的人,能听懂一部分,会说一少部分赫哲语。40岁左右的人只能听懂个别单词。30岁以下的人,既不会讲也听不懂赫哲话了。赫哲民族的语言,已处于自然消失的边缘。

附录一:赫哲语词汇八百条

天文、地理类

赫哲语:爸　　　　　汉语:天

赫哲语:西温　　　　汉语:日

赫哲语:毕啊　　　　汉语:月

赫哲语:务下克特　　汉语:星

赫哲语:俄地恩　　　汉语:风

赫哲语:吐库苏　　　汉语:云

赫哲语:啊格地　　　汉语:雷

赫哲语:他林克衣　　汉语:闪

赫哲语:替格德　　　汉语:雨

赫哲语:衣玛讷　　　汉语:雪

赫哲语:他莫讷科涩　汉语:雾

赫哲语:西勒科涩　　汉语:露

赫哲语:桑您　　　　汉语:烟

赫哲语:吉普色　　　汉语:霞

赫哲语:刷人　　　　汉语:虹

赫哲语:苏故顿　　　汉语:汽

赫哲语:玻库吐　　　　汉语:雹

赫哲语:撒英科涩　　　汉语:霜

赫哲语:所银　　　　　汉语:旋风

赫哲语:胡库信　　　　汉语:狂风

赫哲语:黑啊日克　　　汉语:霹雳

赫哲语:那　　　　　　汉语:地

赫哲语:乌热肯　　　　汉语:山

赫哲语:估门　　　　　汉语:岭

赫哲语:乌热肯木估地恩　汉语:山坡

赫哲语:乌热肯啊日衣恩　汉语:山峰

赫哲语:啊日笨　　　　汉语:平川

赫哲语:毕日啊　　　　汉语:河

赫哲语:他勒格　　　　汉语:泡子

赫哲语:珠科　　　　　汉语:冰

赫哲语:布咖陈　　　　汉语:岛子

赫哲语:茫莫　　　　　汉语:江

赫哲语:霍月　　　　　汉语:湖

赫哲语:拉莫　　　　　汉语:海

赫哲语:霍替恩　　　　汉语:井

赫哲语:莫俄啊　　　　汉语:沙滩

赫哲语:霍库吐　　　　汉语:路

赫哲语:木科　　　　　汉语:水

赫哲语:卧　　　　　　汉语:浪

赫哲语:吐咖勒　　　　汉语:土

第四章　多彩文化

赫哲语:莫　　　　　　汉语:树、木

赫哲语:德伊　　　　　汉语:树林

赫哲语:卓鲁　　　　　汉语:石头

赫哲语:说如恩　　　　汉语:沙子

赫哲语:吉哈热　　　　汉语:沙砾

赫哲语:撒科西　　　　汉语:冰碴子

赫哲语:布鲁　　　　　汉语:明冰(光的江水)

赫哲语:咖日估　　　　汉语:泥巴

赫哲语:布日斡给　　　汉语:尘土

矿物、金属类

赫哲语:爱新　　　　　汉语:金子

赫哲语:莫温　　　　　汉语:银子

赫哲语:头心　　　　　汉语:铜

赫哲语:涩勒　　　　　汉语:铁

赫哲语:西拉　　　　　汉语:锡

赫哲语:托胡儿棍　　　汉语:铅

赫哲语:布鲁库　　　　汉语:玻璃

赫哲语:刀森　　　　　汉语:盐

赫哲语:西人　　　　　汉语:铁丝

赫哲语:他日切　　　　汉语:薄铁皮

社会类

赫哲语:国鲁　　　　　汉语:国家

赫哲语:霍屯　　　　　汉语:城市

赫哲语:悦混　　　　　汉语:村、屯、街

赫哲语:拉乌　　　　　　　　汉语:监狱

人物、亲属类

赫哲语:顾荣　　　　　　　　汉语:民族

赫哲语:尼堪顾荣　　　　　　汉语:汉族

赫哲语:尼卧　　　　　　　　汉语:人

赫哲语:萨格地尼卧　　　　　汉语:大人

赫哲语:黑特　　　　　　　　汉语:孩子

赫哲语:卓卓　　　　　　　　汉语:婴儿

赫哲语:玛发　　　　　　　　汉语:老翁

赫哲语:玛玛　　　　　　　　汉语:老妪

赫哲语:哈哈　　　　　　　　汉语:男

赫哲语:阿森　　　　　　　　汉语:女、妇、妻

赫哲语:撮撮　　　　　　　　汉语:小伙子

赫哲语:哈哈尼卧　　　　　　汉语:男人

赫哲语:阿森尼卧　　　　　　汉语:女人

赫哲语:莫托　　　　　　　　汉语:姑娘

赫哲语:哈哈黑特　　　　　　汉语:男孩子、儿子

赫哲语:阿森黑特　　　　　　汉语:女孩子

赫哲语:伊玛哈娃科其尼卧　　汉语:渔民

赫哲语:毕汉胡力尼卧　　　　汉语:猎人

赫哲语:乌信他日衣尼卧　　　汉语:农民

赫哲语:威累尼卧　　　　　　汉语:工人

赫哲语:阿勒笨　　　　　　　汉语:兵

赫哲语:乌库信　　　　　　　汉语:士兵、部下

赫哲语:丹图	汉语:头人
赫哲语:阿哈	汉语:奴隶
赫哲语:胡勒哈	汉语:小偷、贼
赫哲语:莫日根	汉语:英雄
赫哲语:德都	汉语:小姐
赫哲语:给涩	汉语:妓女
赫哲语:额真	汉语:首领、皇帝
赫哲语:图献	汉语:长官
赫哲语:巴音玛发	汉语:官翁
赫哲语:巴日衣	汉语:朋友
赫哲语:霍勒其黑	汉语:乡亲
赫哲语:呀德热尼卧	汉语:穷人
赫哲语:所科图库	汉语:醉鬼
赫哲语:阔革斗斡	汉语:聋子
赫哲语:克啊勒库	汉语:瞎子
赫哲语:哈翁	汉语:疯子
赫哲语:火图	汉语:秃子
赫哲语:克热合	汉语:驼背
赫哲语:贺勒	汉语:哑巴
赫哲语:都哈尼卧	汉语:客人
赫哲语:隆格地热	汉语:祖宗
赫哲语:玛发热	汉语:曾祖父
赫哲语:玛玛热	汉语:曾祖母
赫哲语:奶讷	汉语:祖母

赫哲语:阿玛　　　　　　汉语:父亲

赫哲语:额涅(额嘎)　　汉语:母亲

赫哲语:乌日啊温　　　　汉语:儿媳妇

赫哲语:霍丢　　　　　　汉语:女婿

赫哲语:卧莫力　　　　　汉语:孙子

赫哲语:阔莫力　　　　　汉语:曾孙

赫哲语:啊格(啊克恩)　汉语:哥哥

赫哲语:格格(额克恩)　汉语:姐姐

赫哲语:讷乌　　　　　　汉语:弟弟

赫哲语:护那吉　　　　　汉语:妹妹

赫哲语:发发(大德)　　汉语:伯父

赫哲语:玛呋　　　　　　汉语:伯母

赫哲语:额切　　　　　　汉语:叔叔

赫哲语:乌胡嘎　　　　　汉语:婶婶

赫哲语:黑特人　　　　　汉语:侄子

赫哲语:阿很都　　　　　汉语:弟兄

赫哲语:额银都　　　　　汉语:姐妹

赫哲语:阿玛哈　　　　　汉语:公公、岳父

赫哲语:额嘎合　　　　　汉语:婆婆

赫哲语:火银　　　　　　汉语:妯娌

赫哲语:欧科　　　　　　汉语:嫂嫂

赫哲语:顾发　　　　　　汉语:外公

赫哲语:顾玛　　　　　　汉语:外婆

赫哲语:顾信　　　　　　汉语:舅舅

第四章　多彩文化

赫哲语:那科其科　　汉语:舅母

赫哲语:都哈　　　　汉语:亲戚

赫哲语:额低　　　　汉语:丈夫

赫哲语:昂西　　　　汉语:寡妇

赫哲语:德哈噩　　　汉语:姨夫

赫哲语:德合(德格)　汉语:姨母

赫哲语:顾夫(发发)　汉语:姑父

赫哲语:顾姑　　　　汉语:姑母

赫哲语:欧科噩力　　汉语:嫂姑

赫哲语:额低阿森　　汉语:夫妻

人体器官类

赫哲语:杯伊　　　　汉语:身体

赫哲语:地里　　　　汉语:头

赫哲语:女库特　　　汉语:头发

赫哲语:贺伊　　　　汉语:额头

赫哲语:萨密科特　　汉语:眉毛

赫哲语:萨勒　　　　汉语:眼睛

赫哲语:卧服如　　　汉语:鼻子

赫哲语:宪　　　　　汉语:耳朵

赫哲语:斗吉　　　　汉语:脸

赫哲语:昂噩　　　　汉语:嘴(噩 me 助词,跟"嘛"的用法相同)赫

哲语:涩其合　　　汉语:下巴

赫哲语:贺门　　　　汉语:嘴唇

赫哲语:贺贺热　　　汉语:腭

赫哲语:毕勒嘎　　　汉语:嗓子

赫哲语:胡木色　　　汉语:眼皮

赫哲语:发合　　　　汉语:眼珠子

赫哲语:他南发合　　汉语:瞳孔

赫哲语:密呀特　　　汉语:脑瓜皮

赫哲语:坑格热　　　汉语:肋

赫哲语:弃克衣　　　汉语:胯骨

赫哲语:玻格道勒　　汉语:腿

赫哲语:额热克特　　汉语:皮

赫哲语:梅分　　　　汉语:脖子

赫哲语:密热　　　　汉语:肩膀

赫哲语:听恩　　　　汉语:胸脯

赫哲语:莫墨　　　　汉语:乳房

赫哲语:贺玻力　　　汉语:肚子

赫哲语:尼卧斡力　　汉语:腰

赫哲语:乌日阿　　　汉语:屁股

赫哲语:发特合　　　汉语:脚

赫哲语:玛银　　　　汉语:胳膊、手腕子

赫哲语:那勒　　　　汉语:手

赫哲语:去木肯　　　汉语:手指

赫哲语:乌勒涩　　　汉语:肉

赫哲语:涩克涩　　　汉语:血

赫哲语:苏木肯　　　汉语:筋

赫哲语:伊科特勒　　汉语:牙齿

赫哲语:伊楞故　　　　汉语:舌头

赫哲语:德勒佛　　　　汉语:肺子

赫哲语:苗温　　　　　汉语:心

赫哲语:哈克衣恩　　　汉语:肝

赫哲语:勃苏科特　　　汉语:肾

赫哲语:胡科衣恩　　　汉语:胃

赫哲语:西勒涩　　　　汉语:胆

赫哲语:说罗库特　　　汉语:肠子

赫哲语:啊木恩　　　　汉语:屎

赫哲语:其肯　　　　　汉语:尿

赫哲语:尼信　　　　　汉语:汗

动物类

赫哲语:卧日坤　　　　汉语:牲畜

赫哲语:伊汗　　　　　汉语:牛

赫哲语:莫林恩　　　　汉语:马

赫哲语:霍您　　　　　汉语:羊

赫哲语:乌力见　　　　汉语:猪

赫哲语:伊那克恩　　　汉语:狗

赫哲语:克西科　　　　汉语:猫

赫哲语:替卧库　　　　汉语:鸡

赫哲语:他日密　　　　汉语:鸭子

赫哲语:聂合　　　　　汉语:鹅

赫哲语:库替替　　　　汉语:鸽子

赫哲语:布云　　　　　汉语:野兽

赫哲语:顾日马洪　　　汉语:兔子

赫哲语:他斯合　　　　汉语:老虎

赫哲语:其批其克　　　汉语:猞猁

赫哲语:乌力克　　　　汉语:松鼠

赫哲语:烟特库　　　　汉语:貉子

赫哲语:涩玻　　　　　汉语:貂

赫哲语:莫尼卧　　　　汉语:猴子

赫哲语:呀日格　　　　汉语:豹

赫哲语:玛夫科　　　　汉语:熊

赫哲语:聂科特　　　　汉语:野猪

赫哲语:库玛克　　　　汉语:鹿

赫哲语:给又陈　　　　汉语:狍子

赫哲语:珠坤　　　　　汉语:水獭

赫哲语:多日坤　　　　汉语:獾子

赫哲语:星额力　　　　汉语:老鼠

赫哲语:索锐　　　　　汉语:由鼠

赫哲语:讷娄克　　　　汉语:狼

赫哲语:苏拉克　　　　汉语:狐

赫哲语:嘎斯科　　　　汉语:鸟、飞禽

赫哲语:科呀科陈　　　汉语:老雕

赫哲语:秀晨　　　　　汉语:老鹰

赫哲语:洪信　　　　　汉语:猎头鹰

赫哲语:达乌嘎斯科　　汉语:大雁

赫哲语:牙达尼　　　　汉语:仙鹤

第四章　多彩文化

赫哲语:出堪　　　　　汉语:麻雀

赫哲语:沙克沙克衣　　　汉语:喜鹊

赫哲语:嘎克衣　　　　　汉语:乌鸦

赫哲语:卧勒姑玛　　　　汉语:野鸡

赫哲语:克库　　　　　　汉语:布谷鸟

赫哲语:胡夏　　　　　　汉语:天鹅

赫哲语:袜其科　　　　　汉语:鹭鸶

赫哲语:克衣科银　　　　汉语:鸥(鱼鹰子)

赫哲语:袜科申　　　　　汉语:蛙

赫哲语:莫克衣　　　　　汉语:蛇

赫哲语:莫兹扎布真　　　汉语:蟒蛇

赫哲语:嘎目莫克特　　　汉语:蚊子

赫哲语:库俩肯　　　　　汉语:虫

赫哲语:苏日啊　　　　　汉语:跳蚤

赫哲语:乌库特　　　　　汉语:虮子

赫哲语:珠奴坤　　　　　汉语:苍蝇

赫哲语:翁额力　　　　　汉语:蛆

赫哲语:库墨克　　　　　汉语:虱子

赫哲语:阿克特玛玛　　　汉语:蜘蛛

赫哲语:玻特　　　　　　汉语:蚯蚓

赫哲语:飞牙热　　　　　汉语:蟑螂

赫哲语:伊克特肯　　　　汉语:蚂蚁

赫哲语:伊日嘎科特　　　汉语:虹

赫哲语:西北西克衣　　　汉语:蚱蜢、蟋蟀

赫哲语:库力飞安　　　汉语:蝴蝶

赫哲语:英莫胡鲁哈　　汉语:蜻蜓

赫哲语:伊玛哈　　　　汉语:鱼

赫哲语:开嫩　　　　　汉语:鳖

赫哲语:查夫　　　　　汉语:鱼子

赫哲语:哈日特库　　　汉语:鲤鱼

赫哲语:阿扑特和　　　汉语:鲫鱼

赫哲语:西番　　　　　汉语:鲶鱼

赫哲语:开晨　　　　　汉语:山花鱼

赫哲语:他科春　　　　汉语:鲢鱼

赫哲语:阿真　　　　　汉语:鳇鱼

赫哲语:克衣日夫晨　　汉语:鲟鱼

赫哲语:加其黑　　　　汉语:白鱼

赫哲语:阔热　　　　　汉语:草根鱼

赫哲语:敖其科　　　　汉语:鳌花鱼

赫哲语:悦如恩　　　　汉语:细鳞鱼

赫哲语:撒咖那　　　　汉语:哲罗鱼

赫哲语:郭晨　　　　　汉语:狗鱼

赫哲语:阔替　　　　　汉语:发罗鱼

赫哲语:怀衣吉　　　　汉语:怀头鱼

赫哲语:其恰肯　　　　汉语:嘎牙鱼

赫哲语:悦布(牙布什哈)　汉语:重唇鱼

赫哲语:图玻和　　　　汉语:鲑鱼

赫哲语:达乌　　　　　汉语:黑鱼

赫哲语:阿牟马加　　　汉语:草根鱼

赫哲语:夫霓力　　　　汉语:(鰄)鰄条鱼不从

　　　　　　　　　　(〔鰄〕电脑生僻字中有此字)

赫哲语:鸦如洪　　　　汉语:白漂子鱼

赫哲语:乌库撒力　　　汉语:蛾子

赫哲语:涩夫林　　　　汉语:毛毛虫

赫哲语:他克衣热　　　汉语:蚌

赫哲语:悦布　　　　　汉语:细脊鱼

植物类

赫哲语:阔其咖莫　　　汉语:核桃树

赫哲语:出列克特莫　　汉语:梨树

赫哲语:贵勒合莫　　　汉语:杏树

赫哲语:火鲁莫　　　　汉语:杨树

赫哲语:啊西科特莫　　汉语:红松

赫哲语:衣西莫　　　　汉语:黄花松

赫哲语:布日干莫　　　汉语:窄叶柳树

赫哲语:加其兰莫　　　汉语:阔叶柳树

赫哲语:忙格莫　　　　汉语:大柞树

赫哲语:西日格莫　　　汉语:小柞树

赫哲语:替悦布固如莫　汉语:松桦树

赫哲语:岔勒笨莫　　　汉语:白桦树

赫哲语:阔克屯莫　　　汉语:黄波椤树

赫哲语:莫合特莫　　　汉语:稠李子树

赫哲语:国如恩莫　　　汉语:槐树

赫哲语：海嫩莫　　　　　　汉语：榆树

赫哲语：伊儿德合莫　　　　汉语：椴树

赫哲语：伊挖格德恩莫　　　汉语：水曲柳树

赫哲语：乌列科特莫　　　　汉语：山丁子树

赫哲语：卧夫克特莫　　　　汉语：山楂树（山里红树）

赫哲语：木切科特　　　　　汉语：葡萄

赫哲语：涩禾克伊热　　　　汉语：满山红

赫哲语：介夫库热　　　　　汉语：粮食

赫哲语：汗德布力热　　　　汉语：大米

赫哲语：乌涩热　　　　　　汉语：种子

赫哲语：卖涩热　　　　　　汉语：麦子

赫哲语：说勒库热　　　　　汉语：玉米

赫哲语：哲科特热　　　　　汉语：小米

赫哲语：木珠热　　　　　　汉语：大麦

赫哲语：伊日啊热　　　　　汉语：大黄米

赫哲语：图日伊热　　　　　汉语：豆子（黄豆）

赫哲语：扁都热　　　　　　汉语：豆角

赫哲语：索勒给热　　　　　汉语：菜

赫哲语：安布索勒给　　　　汉语：白菜

赫哲语：僧库勒热　　　　　汉语：韭菜

赫哲语：木萨热热　　　　　汉语：萝卜

赫哲语：额路热　　　　　　汉语：大葱

赫哲语：切涩　　　　　　　汉语：茄子

赫哲语：算德　　　　　　　汉语：蒜

赫哲语:图都	汉语:土豆
赫哲语:亨科	汉语:黄瓜
赫哲语:勤交	汉语:辣椒
赫哲语:浪姑	汉语:窝瓜
赫哲语:恩比	汉语:柳蒿芽
赫哲语:胡混出	汉语:米叶菜
赫哲语:科什科发物合索勒给	汉语:蕨菜
赫哲语:莫先	汉语:木耳
赫哲语:卧如科特	汉语:草

花草类

赫哲语:安比银嘎	汉语:大芍药花
赫哲语:爱新银嘎	汉语:金盏子花
赫哲语:安趣银嘎	汉语:冰凌花
赫哲语:西纹银嘎	汉语:向阳花
赫哲语:苏颜银嘎	汉语:黄花菜
赫哲语:克约特银嘎	汉语:刺玫果花
赫哲语:窝鲁呼达银嘎	汉语:棒槌花(人参)
赫哲语:松塔克	汉语:塔头
赫哲语:海亚格特	汉语:塔头草
赫哲语:尼亚色	汉语:草甸
赫哲语:恰克莫涕	汉语:茗条
赫哲语:窝伍·克勒特	汉语:苇子
赫哲语:窝鲁呼达	汉语:棒槌(人参)
赫哲语:阿勒奔	汉语:草原

赫哲语:估蒙　　　　　　　汉语:山坡

赫哲语:布拉哈　　　　　　汉语:小树

赫哲语:木嘎拉卡尼　　　　汉语:树结

赫哲语:阿达布查尼　　　　汉语:树叶

赫哲语:木达乞尼　　　　　汉语:树根

赫哲语:嘎赤卡　　　　　　汉语:树枝

赫哲语:莫索尾尼　　　　　汉语:树梢

食品类

赫哲语:布达　　　　　　　汉语:饭

赫哲语:额分　　　　　　　汉语:饼(干粮)

赫哲语:慢土　　　　　　　汉语:馒头

赫哲语:便西　　　　　　　汉语:饺子

赫哲语:费啊勒特恩　　　　汉语:面片

赫哲语:拉拉　　　　　　　汉语:稠粥

赫哲语:伊勒克恩布达　　　汉语:干饭

赫哲语:乌勒涩　　　　　　汉语:肉

赫哲语:伊嘤科涩　　　　　汉语:油

赫哲语:西勒　　　　　　　汉语:菜汤

赫哲语:卧木科特　　　　　汉语:蛋

赫哲语:道斯恩　　　　　　汉语:盐

赫哲语:他勒克　　　　　　汉语:拌菜生鱼

赫哲语:他斯恨　　　　　　汉语:鱼松

赫哲语:夏屯　　　　　　　汉语:糖

赫哲语:阿日克衣　　　　　汉语:酒

赫哲语:达米黑恩　　　　　　汉语:烟

衣饰类

赫哲语:邮汗　　　　　　　　汉语:棉花

赫哲语:斜科特　　　　　　　汉语:线

赫哲语:博苏　　　　　　　　汉语:布

赫哲语:涩乌热　　　　　　　汉语:绸子

赫哲语:郭克西　　　　　　　汉语:缎子

赫哲语:特日格勒　　　　　　汉语:衣裳

赫哲语:黑克　　　　　　　　汉语:裤子

赫哲语:恰嘎切　　　　　　　汉语:长袍

赫哲语:佛科图　　　　　　　汉语:旗袍

赫哲语:阿温　　　　　　　　汉语:帽子

赫哲语:萨布　　　　　　　　汉语:鞋

赫哲语:温他　　　　　　　　汉语:靰鞡

赫哲语:挖涩　　　　　　　　汉语:袜子

赫哲语:阿日嘎　　　　　　　汉语:手闷子

赫哲语:咖什克　　　　　　　汉语:皮大衣

赫哲语:皮日恰斯科　　　　　汉语:手套

赫哲语:胡勒萨　　　　　　　汉语:被子

赫哲语:涩科特库　　　　　　汉语:褥子

赫哲语:夫翁库　　　　　　　汉语:手巾

赫哲语:替弄库　　　　　　　汉语:枕头

赫哲语:愚固顿　　　　　　　汉语:木梳

赫哲语:嘎日合　　　　　　　汉语:篦子

赫哲语:威看　　　　　　汉语:耳坠子

赫哲语:西看　　　　　　汉语:耳环

赫哲语:西德日衣　　　　汉语:镯子

赫哲语:嘎衣克涩　　　　汉语:戒指

赫哲语:说布库　　　　　汉语:簪子

赫哲语:发都　　　　　　汉语:烟荷包

赫哲语:卖肯　　　　　　汉语:蚊帐

房屋、用具类

赫哲语:卓　　　　　　　汉语:房子、屋

赫哲语:乌日科　　　　　汉语:门

赫哲语:发　　　　　　　汉语:窗户

赫哲语:卓给衣阿嫩　　　汉语:房间

赫哲语:发低人　　　　　汉语:墙

赫哲语:都咖　　　　　　汉语:大门(围墙门)

赫哲语:哈西　　　　　　汉语:仓房(偏厦)

赫哲语:他克吐　　　　　汉语:鱼楼(离地仓房)

赫哲语:那恨　　　　　　汉语:炕

赫哲语:郭特恩　　　　　汉语:灶子

赫哲语:德热　　　　　　汉语:桌子

赫哲语:腾库　　　　　　汉语:凳子

赫哲语:特银　　　　　　汉语:盒子

赫哲语:多如扑库　　　　汉语:盆子

赫哲语:萨皮克衣　　　　汉语:筷子

赫哲语:额日库　　　　　汉语:笤帚

第四章　多彩文化

赫哲语:卜林　　　　　　　汉语:灯

赫哲语:吹德勒　　　　　　汉语:火柴

赫哲语:克悦图　　　　　　汉语:刀

赫哲语:苏克　　　　　　　汉语:斧子

赫哲语:锁坤　　　　　　　汉语:勺子

赫哲语:库伊　　　　　　　汉语:羹匙

赫哲语:西汗　　　　　　　汉语:缸

赫哲语:哈西库　　　　　　汉语:刷帚

赫哲语:吉哈　　　　　　　汉语:钱

赫哲语:英(嘤)　　　　　汉语:针

赫哲语:胡斜库　　　　　　汉语:熨斗

赫哲语:哈吉　　　　　　　汉语:剪刀

赫哲语:涩真　　　　　　　汉语:车

赫哲语:哈令切　　　　　　汉语:行李

赫哲语:纠夫切　　　　　　汉语:包袱

赫哲语:特木特肯　　　　　汉语:舢板船

赫哲语:地啊科　　　　　　汉语:大帆船

赫哲语:威胡(固鲁板)　　汉语:快马子船

赫哲语:哈勒科　　　　　　汉语:锤子

赫哲语:霍恩　　　　　　　汉语:锯

赫哲语:安结　　　　　　　汉语:犁杖

赫哲语:胡珠如库(莫苏)　汉语:磨

赫哲语:哈替官恩　　　　　汉语:镰刀、铲刀

赫哲语:毕日达　　　　　　汉语:炉子

赫哲语:火日坤　　　　　汉语:绳子

赫哲语:达(噢)杰　　　　汉语:扁担

赫哲语:坤珠　　　　　　汉语:桶

赫哲语:西色　　　　　　汉语:筛子

赫哲语:飞也乌　　　　　汉语:簸箕

赫哲语:发热　　　　　　汉语:爬犁

赫哲语:毕特合　　　　　汉语:书

赫哲语:好深　　　　　　汉语:纸

赫哲语:玻合　　　　　　汉语:墨

赫哲语:加西恨　　　　　汉语:信

赫哲语:牛如汗　　　　　汉语:画

赫哲语:都如恩　　　　　汉语:相片

赫哲语:玻伊　　　　　　汉语:弓

赫哲语:鲁库　　　　　　汉语:箭

赫哲语:阿低勒　　　　　汉语:网

赫哲语:乌(噢)肯　　　　汉语:钓

赫哲语:卓布固　　　　　汉语:鱼叉

赫哲语:给衣达　　　　　汉语:扎枪

赫哲语:苗晨　　　　　　汉语:枪

赫哲语:木哈林　　　　　汉语:子弹

狩猎工具类

赫哲语:呼发　　　　　　汉语:木夹子

赫哲语:舌利尼纳　　　　汉语:窟窿箭

赫哲语:卡风勒库　　　　汉语:夹剪

赫哲语:舌利米　　　　　汉语:伏弩

赫哲语:葛车库　　　　　汉语:木铡刀

赫哲语:吐从　　　　　　汉语:熟皮刀

赫哲语:空库　　　　　　汉语:木槌

赫哲语:亥牙勒肯　　　　汉语:木铡刀座

赫哲语:达连亥衣　　　　汉语:木盆

赫哲语:磨苏空　　　　　汉语:木勺

赫哲语:唐古鹿　　　　　汉语:水碗

赫哲语:哈虫　　　　　　汉语:吊锅子

赫哲语:乾古　　　　　　汉语:吊锅钩

赫哲语:哈虫哈林　　　　汉语:网斗

赫哲语:索纳　　　　　　汉语:猎绳

赫哲语:苏夹库　　　　　汉语:枪架子

赫哲语:炭尔空弗加　　　汉语:桦皮箱

赫哲语:培音　　　　　　汉语:盆

赫哲语:恩波库　　　　　汉语:摇篮

赫哲语:天波库　　　　　汉语:摇车、虫子

赫哲语:炭尔空蒙古录　　汉语:桦皮碗

赫哲语:卢洪　　　　　　汉语:战刀

赫哲语:浮旦苗辰　　　　汉语:火绳枪

赫哲语:苏良纳　　　　　汉语:干粮袋

赫哲语:亚特勒库　　　　汉语:火镰

赫哲语:卓鲁　　　　　　汉语:火石

赫哲语:呼朱库　　　　　汉语:兽皮风箱

方位、时间类

赫哲语:额日格　　　　汉语:方向

赫哲语:额吉吉格　　　　汉语:东方

赫哲语:珠勒黑额日格　　汉语:南方

赫哲语:苏俩吉格　　　　汉语:西方

赫哲语:佛日黑额日格　　汉语:北方

赫哲语:托坤　　　　　　汉语:中间

赫哲语:卧勒顿　　　　　汉语:旁

赫哲语:哈苏科特　　　　汉语:左

赫哲语:伊恰科特　　　　汉语:右

赫哲语:珠勒黑　　　　　汉语:前方

赫哲语:珠勒　　　　　　汉语:前

赫哲语:阿米勒　　　　　汉语:后边

赫哲语:都拉　　　　　　汉语:里

赫哲语:威拉　　　　　　汉语:外

赫哲语:威伊吉格　　　　汉语:上、上面

赫哲语:合日给吉格　　　汉语:下、下面

赫哲语:额日银　　　　　汉语:时间

赫哲语:俄衣您　　　　　汉语:今天

赫哲语:西科涩　　　　　汉语:昨天

赫哲语:图玛克　　　　　汉语:明天

赫哲语:珠楼克衣您　　　汉语:前天

赫哲语:条日衣　　　　　汉语:后天

赫哲语:西科涩日衣恩　　汉语:晚间

第四章　多彩文化

赫哲语:图玛克额日德　　汉语:早晨

赫哲语:伊您托坤　　　　汉语:中午

赫哲语:多勒补　　　　　汉语:夜里

赫哲语:啊日恩　　　　　汉语:年

赫哲语:珠勒　　　　　　汉语:从前

赫哲语:额西　　　　　　汉语:现在

赫哲语:啊米西克　　　　汉语:往后

赫哲语:宁捏　　　　　　汉语:春

赫哲语:抓里　　　　　　汉语:夏

赫哲语:玻鲁　　　　　　汉语:秋

赫哲语:拓淋　　　　　　汉语:冬

赫哲语:伊您　　　　　　汉语:白天

数量类

赫哲语:恩莫肯　　　　　汉语:一

赫哲语:珠如　　　　　　汉语:二

赫哲语:依兰　　　　　　汉语:三

赫哲语:都银　　　　　　汉语:四

赫哲语:孙恩加　　　　　汉语:五

赫哲语:呢文　　　　　　汉语:六

赫哲语:那丹　　　　　　汉语:七

赫哲语:加坤　　　　　　汉语:八

赫哲语:乌云　　　　　　汉语:九

赫哲语:转　　　　　　　汉语:十

赫哲语:托扑混　　　　　汉语:十五

赫哲语:卧林　　　　汉语:二十

赫哲语:郭心　　　　汉语:三十

赫哲语:德黑　　　　汉语:四十

赫哲语:苏塞　　　　汉语:五十

赫哲语:他温　　　　汉语:百

赫哲语:明啊　　　　汉语:千

赫哲语:图门　　　　汉语:万

赫哲语:塔门图门　　汉语:千万

赫哲语:给恩　　　　汉语:斤

赫哲语:言　　　　　汉语:两

赫哲语:爸　　　　　汉语:里程

赫哲语:大　　　　　汉语:庹

赫哲语:霍胡　　　　汉语:柞

赫哲语:乌如棍　　　汉语:寸

赫哲语:发西　　　　汉语:块

赫哲语:涩　　　　　汉语:岁

赫哲语:扎嫩　　　　汉语:辈

赫哲语:木丹　　　　汉语:回、次

人称、疑问类

赫哲语:毕　　　　　汉语:我

赫哲语:西　　　　　汉语:你

赫哲语:苏　　　　　汉语:你们

赫哲语:布　　　　　汉语:我们

赫哲语:你啊尼(替)　汉语:他

第四章　多彩文化

113

赫哲语:替姑如恩　　　汉语:他们

赫哲语:玻替　　　　　汉语:咱们

赫哲语:格人姑如恩　　汉语:大家

赫哲语:埃　　　　　　汉语:这

赫哲语:额都　　　　　汉语:这里

赫哲语:替　　　　　　汉语:那

赫哲语:泥　　　　　　汉语:谁

赫哲语:呀　　　　　　汉语:什么

赫哲语:卧西　　　　　汉语:哪个

赫哲语:乌克衣　　　　汉语:多少

赫哲语:啊敌　　　　　汉语:几个

性质、状态类

赫哲语:隆格地　　　　汉语:大

赫哲语:萨科勒克　　　汉语:黑

赫哲语:乌诗库里　　　汉语:小

赫哲语:布的文　　　　汉语:粗

赫哲语:鄂木鄂　　　　汉语:细

赫哲语:故姑达　　　　汉语:高

赫哲语:涅科特　　　　汉语:低、矮

赫哲语:卧尼莫　　　　汉语:长

赫哲语:佛胡伦　　　　汉语:短

赫哲语:郭如　　　　　汉语:远

赫哲语:咖勒切　　　　汉语:近

赫哲语:大日米　　　　汉语:宽

赫哲语:黑邪　　　　　　汉语:窄

赫哲语:地拉木　　　　　汉语:厚

赫哲语:讷木坤　　　　　汉语:薄

赫哲语:松他　　　　　　汉语:深

赫哲语:啊日毕　　　　　汉语:浅

赫哲语:玛勒洪　　　　　汉语:多

赫哲语:阔木苏　　　　　汉语:少

赫哲语:托恩都　　　　　汉语:直

赫哲语:郭衣木库　　　　汉语:弯

赫哲语:萨科勒克　　　　汉语:黑

赫哲语:现给恩　　　　　汉语:白

赫哲语:富力给安　　　　汉语:红

赫哲语:苏言　　　　　　汉语:黄

赫哲语:号很　　　　　　汉语:粉

赫哲语:依给安　　　　　汉语:绿

赫哲语:科衣袄嫩楞　　　汉语:蓝、青

赫哲语:密孙　　　　　　汉语:紫

赫哲语:更给恩　　　　　汉语:亮

赫哲语:哈科特库力　　　汉语:暗

赫哲语:乌日格　　　　　汉语:重

赫哲语:额尼木神　　　　汉语:轻

赫哲语:吐如根　　　　　汉语:快

赫哲语:他热棍　　　　　汉语:胖、肥

赫哲语:图如哈　　　　　汉语:瘦

赫哲语:伊勒克恩　　　汉语:干

赫哲语:弃扑咖　　　　汉语:温湿

赫哲语:哈特混　　　　汉语:咸

赫哲语:都勒宾　　　　汉语:淡

赫哲语:他科他肯　　　汉语:硬

赫哲语:乌言　　　　　汉语:软

赫哲语:替日啊　　　　汉语:紧

赫哲语:苏拉　　　　　汉语:松

赫哲语:特杰　　　　　汉语:真

赫哲语:火鲁　　　　　汉语:假

赫哲语:伊日克恩　　　汉语:新

赫哲语:玛讷　　　　　汉语:旧

赫哲语:啊衣　　　　　汉语:好

赫哲语:额合勒　　　　汉语:不好

赫哲语:顾珠库力　　　汉语:美

赫哲语:胡玛尼安其　　汉语:丑

赫哲语:卧诗库力　　　汉语:热

赫哲语:给悦图库力　　汉语:凉

赫哲语:胡爱　　　　　汉语:香

赫哲语:发库力　　　　汉语:臭

赫哲语:吉特库力　　　汉语:酸

赫哲语:啊木特库力　　汉语:甜

赫哲语:郭诗库力　　　汉语:苦

赫哲语:郭其人　　　　汉语:辣

赫哲语:聂儿其库力　　汉语:涩

赫哲语:起日库力　　　汉语:臊

赫哲语:巴音　　　　　汉语:富

赫哲语:呀德　　　　　汉语:穷

赫哲语:苏热　　　　　汉语:聪明

赫哲语:笨格　　　　　汉语:笨

赫哲语:涩晨　　　　　汉语:勤快

赫哲语:班胡　　　　　汉语:懒

赫哲语:发科斜　　　　汉语:巧

动词、行动类

赫哲语:玻勒切　　　　汉语:帮助

赫哲语:合热科　　　　汉语:帮、拴

赫哲语:苏恰　　　　　汉语:匿、藏

赫哲语:袄日衣　　　　汉语:喊

赫哲语:杰夫　　　　　汉语:吃

赫哲语:郎图勒　　　　汉语:打

赫哲语:佳乌尼　　　　汉语:打哈欠

赫哲语:霍恩替热　　　汉语:打鼻

赫哲语:索力玛其　　　汉语:吵架

赫哲语:谈特玛其　　　汉语:打架

赫哲语:啊夫　　　　　汉语:战争

赫哲语:佟库　　　　　汉语:动

赫哲语:撮木其　　　　汉语:蹲

赫哲语:米啊库热　　　汉语:跪

第四章　多彩文化

赫哲语:德格德　　汉语:飞

赫哲语:布姑达讷　　汉语:跑

赫哲语:胡力　　汉语:走

赫哲语:威勒　　汉语:劳动、干活

赫哲语:哈勒吉　　汉语:害羞

赫哲语:珠如苏　　汉语:怀孕

赫哲语:姑鲁讷　　汉语:出发

赫哲语:伊现恨　　汉语:到了

赫哲语:索乌　　汉语:哭

赫哲语:伊科特讷　　汉语:笑

赫哲语:啊莫其　　汉语:拉屎

赫哲语:其科其　　汉语:撒尿

赫哲语:西米克　　汉语:咳嗽

赫哲语:呀科涩其　　汉语:打

赫哲语:太讷　　汉语:骂

赫哲语:嘎德　　汉语:买

赫哲语:胡达　　汉语:卖

赫哲语:加佛　　汉语:抓

赫哲语:玛西　　汉语:结实、坚固

赫哲语:伊涩其　　汉语:呕吐

赫哲语:额讷　　汉语:去

赫哲语:挪都　　汉语:扔

赫哲语:挖　　汉语:杀

赫哲语:卜德　　汉语:死

赫哲语:夫斯库勒　　　　　汉语:踢

赫哲语:多勒地　　　　　　汉语:听

赫哲语:胡日库　　　　　　汉语:跳

赫哲语:乌奴　　　　　　　汉语:病

赫哲语:乌科其　　　　　　汉语:玩耍

赫哲语:嘤德勒　　　　　　汉语:问

赫哲语:涩讷　　　　　　　汉语:醒

赫哲语:特衣讷　　　　　　汉语:休息

赫哲语:伊立　　　　　　　汉语:站

赫哲语:都都　　　　　　　汉语:躺下

赫哲语:牙剥　　　　　　　汉语:走

赫哲语:特　　　　　　　　汉语:坐

赫哲语:卓科图　　　　　　汉语:醉

赫哲语:啊涩科特　　　　　汉语:追

渔、猎民术语类

赫哲语:阿地勒　　　　　　汉语:网、网衣子

赫哲语:乌日格分　　　　　汉语:坠子

赫哲语:阔库屯　　　　　　汉语:漂子

赫哲语:萨格地阿地勒　　　汉语:大拉网

赫哲语:乌什库力阿地勒　　汉语:小拉网

赫哲语:孟根　　　　　　　汉语:待河网

赫哲语:波提库　　　　　　汉语:赶网

赫哲语:乌库涩勒阿地勒　　汉语:袖子网

赫哲语:过胡勒阿地勒　　　汉语:挂网

第四章　多彩·文化

赫哲语:额伊库阿地勒　　　　汉语:淌网

赫哲语:卓布固　　　　　　　　汉语:鱼叉、叉头

赫哲语:那伊　　　　　　　　　汉语:叉杆

赫哲语:西金　　　　　　　　　汉语:叉绳

赫哲语:依兰借伊卓什固　　　　汉语:三齿叉

赫哲语:珠借伊卓布固　　　　　汉语:两齿叉

赫哲语:苏布格　　　　　　　　汉语:短叉

赫哲语:克热其克　　　　　　　汉语:滚钩

赫哲语:阿金克热其克　　　　　汉语:鳇鱼钩

赫哲语:乌噩肯　　　　　　　　汉语:小鱼钩

赫哲语:阔库屯乌噩肯　　　　　汉语:漂钩

赫哲语:牙克　　　　　　　　　汉语:三齿钩

赫哲语:撮勒分　　　　　　　　汉语:毛毛钩

赫哲语:额勒固　　　　　　　　汉语:大掠钩

赫哲语:刻伊特　　　　　　　　汉语:快当钩

赫哲语:哈日特库乌噩肯　　　　汉语:鳔鱼钩

赫哲语:开辰乌噩肯　　　　　　汉语:鳊花钩

赫哲语:乌噩科切　　　　　　　汉语:钩

赫哲语:伊玛后乌噩科切　　　　汉语:钓鱼

赫哲语:克热其克挪都　　　　　汉语:下钩

赫哲语:布他　　　　　　　　　汉语:打网

赫哲语:伊玛后卓布固格勒　　　汉语:叉鱼

赫哲语:阿地勒桑讷　　　　　　汉语:补网

赫哲语:特木特肯　　　　　　　汉语:船

赫哲语:维胡(固鲁板)　　汉语:快马子船

赫哲语:格伊敖力　　汉语:桨

赫哲语:库德　　汉语:舵

赫哲语:索伊　　汉语:快马划子

赫哲语:儿必库　　汉语:小耳划子

赫哲语:嘎文　　汉语:蹬杆子(篙)

赫哲语:牙日滚　　汉语:纤绳

赫哲语:阔提勒　　汉语:帆

赫哲语:波乌　　汉语:冰镩

赫哲语:乌都力　　汉语:穿梁杆子

赫哲语:苏木　　汉语:水线

赫哲语:敖切　　汉语:抄罗子

赫哲语:刻伊特　　汉语:快当钩子

赫哲语:撒热夫　　汉语:梭子

赫哲语:阿底勒谢克特　　汉语:网线

赫哲语:敬根　　汉语:桅杆

赫哲语:萨仁　　汉语:船上的坐板

赫哲语:底阿克　　汉语:大帆船

赫哲语:乌日莫沉　　汉语:桦皮小船

赫哲语:格伊达　　汉语:扎枪

赫哲语:苗辰　　汉语:快枪

赫哲语:咖扑克讷　　汉语:铁夹子

赫哲语:乌库　　汉语:捕貂、鼬网

赫哲语:乌阔勒　　汉语:猎袋

赫哲语:苏恰库　　　　汉语:枪的支架

赫哲语:胡发　　　　　汉语:捕貂、獾闸

赫哲语:胡日咖　　　　汉语:捕兽套

赫哲语:刻伊禾俄勒　　汉语:滑雪板

赫哲语:乌日伊啊库　　汉语:狍、鹿叫子

赫哲语:苏那　　　　　汉语:背绳

赫哲语:木哈林　　　　汉语:子弹

赫哲语:夸其　　　　　汉语:子弹袋

赫哲语:库力米克　　　汉语:对板(扑鼬闸)

赫哲语:毕汉胡力　　　汉语:打猎

赫哲语:霍克吐乌加　　汉语:追踪(瞄踪)

萨满神祈类

赫哲语:阔里　　　　　汉语:神鹰

赫哲语:布云　　　　　汉语:狼神

赫哲语:西瓦如玛玛　　汉语:保卫神

赫哲语:博尔布克　　　汉语:带路神

赫哲语:查尼　　　　　汉语:守门神

赫哲语:克库　　　　　汉语:布谷鸟神

赫哲语:托布通　　　　汉语:送信神

赫哲语:萨日卡　　　　汉语:护身神

赫哲语:额奇和　　　　汉语:保护神

赫哲语:僧格　　　　　汉语:刺猬神

赫哲语:阔勒吉勒蹲特　汉语:管腿疼的神

赫哲语:腾尼莫蹲特　　汉语:管人间事的神

赫哲语:呼如马林　　　　　　　　汉语:猎神

赫哲语:都热玛林　　　　　　　　汉语:管火神

赫哲语:阿都　　　　　　　　　　汉语:能飞的神

赫哲语:乌什哈　　　　　　　　　汉语:治瘟神

赫哲语:嘎尼刻　　　　　　　　　汉语:凶神

赫哲语:珠连　　　　　　　　　　汉语:保护神

赫哲语:雅日格　　　　　　　　　汉语:豹神

赫哲语:塔斯赫·恩都里麻发　　　汉语:虎神(奇楞语)

赫哲语:安巴　　　　　　　　　　汉语:虎神(那乃语)

赫哲语:里额恩木热　　　　　　　汉语:鲸鱼神

赫哲语:朱昆　　　　　　　　　　汉语:水獭神

赫哲语:穆衣嘎　　　　　　　　　汉语:蛇神

赫哲语:德斯库　　　　　　　　　汉语:天花瘟神

赫哲语:依斯额嫩　　　　　　　　汉语:马蛇神

赫哲语:珠林　　　　　　　　　　汉语:看家神

赫哲语:阿都　　　　　　　　　　汉语:管肚子疼的神

赫哲语:卡日嘎玛　　　　　　　　汉语:管打鱼的神

赫哲语:卓鲁玛发 卓鲁玛玛　　　汉语:石头老头、石头老太太

赫哲语:木都力　　　　　　　　　汉语:龙

赫哲语:木都力苍康　　　　　　　汉语:独角龙(奇楞语)

赫哲语:凶穆力　　　　　　　　　汉语:独角龙(赫今语)

日常用语类

赫哲语:布达　　　　　　　　　　汉语:饭

赫哲语:布达即夫　　　　　　　　汉语:吃饭

第四章　多彩文化

赫哲语:阿拉克窝米　　汉语:喝酒

赫哲语:意力　　汉语:站

赫哲语:特鲁　　汉语:坐

赫哲语:达莫格　　汉语:烟

赫哲语:达莫格窝米　　汉语:抽烟

赫哲语:突苏勒合　　汉语:阴

赫哲语:衣宁托空　　汉语:中午

赫哲语:根耳卡合　　汉语:晴

赫哲语:西斯里合　　汉语:黑天了

赫哲语:鹅勒得　　汉语:早

赫哲语:托玛格得　　汉语:明天

赫哲语:任那格得　　汉语:亮天

赫哲语:巴恰合　　汉语:见面了

赫哲语:爱衣希　　汉语:你好

赫哲语:巴尼合　　汉语:谢谢

（节录自《中国赫哲族》）

"敖其都拜丢依赫尼哪,古出库里座耶赫尼哪,乌提克笔拉呢赫尼哪,木克笔拉赫尼哪……"(歌词大意是:我家住在敖其,这里是美丽的家园,有山有水有河流……)

这是敖其村委会传出的一首原汁原味的赫哲族"伊玛堪"曲调。村委会的办公室里团团围坐着八十多位赫哲人的后裔,他们正在向一位上了年纪的赫哲老人学习赫哲族口头流传的说唱文学——"伊玛堪"。

这位年龄已经72岁的老人,本应该在家里含饴弄孙或到风景宜人的公园中去强身健体,在晚年好好享受一下改革开放的成果,而他放弃了这些,却心甘情愿不辞劳苦地从市区到敖其每周都要往返教授赫哲语和"伊玛堪"。这是为了什么?

"我看到赫哲族的语言和'伊玛堪'快要失传了,我心疼呀,所以,我愿意来到敖其村教大家。"这就是原佳木斯铁路局货运处退休工人,全国非物质文化遗产传承人,郊区政府请来的教习赫哲族语言、"伊玛堪"的老师吴明新。他为了赫哲民族的文化不致失传,勇敢地挑起了父亲曾经担负的重担,在三江平原大地到处奔走,成为了又一代赫哲族文化的传人。

吴明新出生于黑龙江省饶河县西林子公社四排乡,这里位于美丽的乌苏里江畔,山清水秀,风光宜人,是我国赫哲族群众的聚居地。著名歌唱家郭颂等音乐人曾到这里来采风,听吴明新的父亲、赫哲族第一歌手吴连贵唱过"伊玛堪"大调,回去后就整理加工成为今天广为传唱的《乌苏里船歌》《大顶子山高又高》等歌曲。

住在四排乡的赫哲群众人人都会哼唱"伊玛堪"和"嫁令阔",这是赫哲族的口头传唱形式。在上个世纪80年代初,那时还有许多赫哲老人们健在,吴连贵老人能唱出几天几夜的"伊玛堪",有记述"莫日根"(赫哲部落英雄)之事,有唱四时劳作的,还有一些神狐鬼怪的故事,每到这时,村里的大人孩子都聚集在一起,听吴老汉说唱"伊玛堪"的故事。吴明新就是在这种环境里长大的,他虽然不能像父亲那样唱大段大段的"伊玛堪",但是,他却耳熟能详,也记下了许多难忘的故事。

赫哲人昨天的历史是沉重的,吴明新不会忘记那些艰难的年代。赫哲人人口原本是有许多的,早年沙俄侵略黑龙江,赫哲人和汉族人民一起奋起反抗,牺牲了许多先民。后来,日本鬼子又侵占了东

吴明新在为学员们授课

吴明新在传授"伊玛堪"演唱技艺

吴明新在赫哲族"伊玛堪"传习所开班仪式上

北三省,为了打击侵略者,赫哲各部落里又有不少有血性有良知的赫哲青年投奔了东北抗日联军,仅在抗联七军里就有许多赫哲族战士。所以,日本鬼子就对赫哲人实行了烧杀抢掠的政策,把他们的先辈逼进了深山老林,过着野人一般的生活。到了1949年解放时,赫哲人才走出了深山,那时,全国的赫哲人口才八百多人,他的父亲吴连贵就是其中幸存者之一。

有很多人打探吴明新:"谈谈您吧,听说您是上个世纪50年代来到佳木斯的,离开家乡那样久了,您为什么还能说一口流利的赫哲语,唱一口将要失传的'伊玛堪'呢?"

吴明新老人爽朗地笑了,他率直地说道:"我是赫哲人呀,从小就学说的赫哲语,我的祖母、父亲都教我说呀。就像现在学生学习汉语、英语一样,特别是幼年的记忆是非常牢固的,你想忘都忘不掉,现在,我还能说出比较完整的八百多个赫哲单词。"

"至于说怎么学会说唱'伊玛堪'的问题,那完全是受到了我父亲的影响。1956年,四排村归同江区富锦县管辖,那时渔民打鱼要从上江走到下江,我跟着父亲就到了抚远,各地的打鱼能手都聚集到这里了,五百多条船在这里开始参加捕鱼比赛,我父亲获得了第一名,他在乌苏里江上边摇着船,边放开嗓子唱起了'伊玛堪'。我经常听他唱,他高兴时唱,有发愁事也唱,听得多了,我也会唱几段了。"

"我家兄弟姊妹六人,我是老大,十五六岁我就不念书了,夏天和父亲在江上打鱼,冬天就穿滑雪板撵狍子,我滑雪的速度很快,那时,在乌苏里江一带是很有名的赫哲猎手。"

1958年,合江地区举办了新中国成立后第一个山地滑雪训练班,在当时的人民体育馆进行培训,为国家培养滑雪运动员。吴明新在那里刻苦训练了两年,1960年冬季参加了在黑龙江省哈尔滨玉泉举行的全国滑雪大赛,那次比赛项目有高山滑雪、花样滑雪和越野滑雪等项目。在吴明新参加的越野滑雪项目中有二百多名运动员,其中有汉族、满族、蒙古族、鄂伦春族、鄂温克族、达斡尔族的滑雪高手,个人实力都差不多,但比赛只取前八名选手。鹿死谁手,实在难测。经过一番角逐,吴明新最终获得了第六名的好成绩,他也因此进入了佳木斯市体委成为一名滑雪运动员。1963年,由于我国遇到了暂时的经济困难和自然灾害,许多项目下了马,体育当然也不例外,佳木斯的滑雪队也解散了。吴明新的滑雪梦破灭了,他就来到佳木斯铁路局做了装卸工人,后来,开铲车,做商务检查员、行李员等,1988年还被评为哈尔滨铁路局的劳动模范。1997年,他光荣退休。

身着萨满服饰的吴明新

吴明新虽然从工作岗位上退下来了,但是他总是无法了结一个心愿——传承赫哲人的文化。每当感到赫哲族的传统文化在一点一点地消亡,就像当初滑雪梦破灭了一样。特别是1982年,他的老父亲与世长辞,老人家把他精湛的长篇"伊玛堪"说唱艺术带到了另一个世界。吴明新一想到这些,就感到心神不安。退休后五六年里,他自费五千多元走访赫哲群众聚居区,饶河县的四排乡,同江市的街津口乡、八岔赫哲乡都留下了他寻访的足迹。他到处找人学唱"伊玛堪",四排的吴玉兰,八岔的吴喜凤,街津口的尤金良、尤金玉等人都当过他的教习,他不但学唱"伊玛堪",还学绘画,他制作的鱼皮画、鱼骨画、桦皮画都被国内外许多博物馆收藏。

令他终生难忘的是 2006 年,在灯火辉煌的北京人民大会堂,他接过了全国人大常委会副委员长陈至立颁发的"中国非物质文化遗产赫哲族'伊玛堪'代表性传承人"的荣誉证书与金质奖章,并获得了全国非物质文化遗产大会的水晶纪念杯。从那时起,他暗下决心,一定要把"伊玛堪"传承下去。

2008 年 8 月 4 日,吴明新在佳木斯市成立了全国第一个赫哲族语言、"伊玛堪"传习所,佳木斯市原副市长吴国华亲自赶来祝贺,她说,这个传习所是赫哲族人自己创办的,是第一个传授本民族语言和"伊玛堪"说唱文学的,社会各界都应该支持它。同时,我们也看到了赫哲族的文化一定会得到很好的传承,并且会在此得到发扬光

在敖其承办的赫哲族第八届乌日贡大会上,吴明新领跳鹿神舞

大。   吴明新的传习所收了四十多名学生,他却不收学生的一分钱学费,自费租教室,他给学生买了笔记本和写字笔,他的教室是和别人合租的,那是人家卖保健品的地方,他每周六用两个小时讲授赫哲语言,学生没有桌子,只好用自己的膝盖当桌子,每年4000元的房屋租金大部分是儿子、女儿暗中支持的。

吴明新办的赫哲族语言学习班深受孩子们的欢迎,有不少不是赫哲族的孩子也到班里来学习,他都热情地欢迎。佳木斯第五中学有一个女孩叫白百合,自从进了学习班,学习了不少赫哲语,她不仅在市里的传习所学习,还跟着吴老师来到敖其村学习,并在《伊玛堪新唱》中担任重要角色。百合的学习精神感动了学校的老师,上课时,老师就用百合教她的赫哲语向同学们"问好""请坐"。

佳木斯市郊区区委、区政府十分重视赫哲语的传播,尤其是要把敖其镇建成赫哲新区,还要大力开发赫哲民俗园区,搞旅游经济,他们把吴明新请到敖其村专门教习赫哲语和"伊玛堪",吴明新非常高兴地接过了聘书,从此,他又成为郊区赫哲语和"伊玛堪"的"总教头"。

60多岁的赫哲族村民葛延福,是敖其村赫哲语和"伊玛堪"讲习班中年龄最大的学生,他每次都不落课,和年轻人一样坐在那里听讲。班里最小的学生叫葛丽娜,今年才8岁,学习十分用功,能说许多赫哲语了。讲习班里有一位叫葛淑琴的妇女,家住在裕太村,但是每周都要坐15公里的公共汽车到镇里听吴老师讲课,她说,吴老师就像父母一样教我们学赫哲文化知识,我们吃点苦算不了什么。吴明新来敖其以前,村里103户赫哲族村民,320多口人,没有人能说一句完整的赫哲话,经过3个多月的教习,讲习班的学员大都能用赫哲语对话,有的学员已经能说 100 多句赫哲语言。

吴明新现在正带领着学员精心排练《伊玛堪新唱》,"敖其都拜丢依赫尼哪,古出库里座耶赫尼哪,乌提克笔拉呢赫尼哪,木克笔拉赫尼哪……"。(刘日强对本文有所贡献)

三、赫哲族的"美人鱼"

走进敖其村尤忠美的家,令你眼前一亮,真是与众不同。三间砖瓦房宽敞明亮,左边是尤忠美的赫哲工艺博物馆,右手两间是她和丈夫傅宝刚的居所。特别是左手那间小小的博物馆里,挂着一套套狍皮鞑哈、鱼皮鞑哈,正中是一套新缝制的大萨满服饰,靠窗旁竖立着一幅早年间的赫哲滑雪板和一副抄罗子,墙上挂着她用手工制作

尤忠美在江湾捕鱼

尤忠美在演唱赫呢哪小调

尤忠美和他制作的工艺品

的绢帕和鱼皮画,真是琳琅满目,让人目不暇接,尤忠美就在这里编织着她美丽的梦。

在尤忠美的家庭民俗博物馆里,她向我们讲述了她成长为赫哲族民间艺术家的历程。尤忠美出生于黑龙江省同江市街津口赫哲族乡一个普通的赫哲族家庭,她从小受到家乡民风的熏陶,感受着三江流域的青山绿水,能歌善舞。尤忠美演唱的赫哲族民歌"嫁令阔",

能令你如醉如痴,心驰神往。最令人惊叹的是她从父辈那里传承下来的赫哲民族工艺。用一双纤细的手,能画出轻掠过黑龙江上空的水鸟,也能绘出三九严寒奔跑于赫哲乡的野鹿獐狍。当她展现于我们眼前的一幅新作——萨满请神图,我们的心灵不禁为之一振,好一幅历史的图画!大萨满那狂舞飘逸的姿态,那如癫如狂的神情,把我们带到了赫哲部落遥远的岁月,我们仿佛看到了森林深处、大江岸畔的簇簇篝火,仿佛听到了大萨满那激荡赫哲人心的"咚咚"鼓声,深深地感受到了赫哲历史的脉动……

尤忠美自幼对赫哲族古老的民俗文化耳濡目染,她的姥姥尤翠玉是赫哲族缝制鱼皮服装的个中高手,母亲尤文兰是名闻三江的鱼皮服饰传人,三姨是国家非物质文化遗产传承人,她们都曾是尤忠美的技术教练。

黑龙江省从 20 世纪七八十年代起就重视赫哲民俗文化的抢救与发掘,尤其是对制作工艺精美的赫哲鱼皮服饰进行了民间的挖掘。当时,国内外的许多博物馆欲把赫哲鱼皮服饰作为珍贵的馆藏

尤忠美制作的彩色鱼皮画　　尤忠美制作的彩色鱼皮画

之宝,政府就把制作任务分派到会制作鱼皮服饰的赫哲家庭,尤忠美家一马当先。

当时,小忠美还上小学,每天放学后姥姥都要招呼她,别出去玩,赶快帮我熟皮子吧。这时,姥姥会在大半干的鱼皮上轻轻地撒一层玉米面,边熟皮子,边告诉小忠美:"以前,我们赫哲族的祖先就穿着这种鱼皮做的衣服,在江上打鱼,在山里打猎,你可不能忘记呀。"小忠美看到那一片片又皱又硬的黑黢黢的鱼皮,在姥姥的手中神奇地变得洁白如云,柔软似锦,心里感到万分惊喜。当她亲手缝制了生平第一个鱼皮荷包时,兴奋得睡不着觉,竟搂着它进入了梦乡,她说,那种奇妙的感觉,就像搂着自己心爱的孩子一样。

兴趣是最好的老师。尤忠美就是在这样的家庭环境下跟着姥姥、妈妈学习拼对、缝制赫哲族鱼皮服饰,渐渐地成长为赫哲乡远近闻名的鱼皮服饰缝制高手,也成为同江市的"小能人"。

1981年,尤忠美考入虎林市师范学校幼师专业学习,两年后毕业到街津口乡幼儿园当了一名幼儿教师。后来调到同江市水产公司做出

尤忠美制作的狍皮工艺画

口鲟鳇鱼子的质检员,她休息回家时就要帮助家人做鱼皮服饰。

尤忠美结婚以后,就和爱人傅宝刚来到了佳木斯市开了家赫哲酒楼。1996年,她来到了郊区敖其镇开办了"赫哲鱼馆"。凡来这家鱼馆吃过饭的客人们都会记得有一位漂亮的老板娘,她唱得一曲动听的"嫁令阔",跳得了优美的赫哲族舞蹈,她的能歌善舞,往往会感染客人,也加入到其乐融融的氛围中。

尤忠美的到来,犹如一石激起千重浪,引起了佳木斯市郊区区委、区政府的重视,请她作为郊区文化局非物质文化保护中心工作人员,并于2008年10月24日成立了鱼皮技艺传习所,聘请她做主讲,教授鱼皮制作技艺,每周六、周日下午授课,现有学员30人,形成了一支较大的赫哲鱼皮文化传承力量。

2008年8月,黑龙江省省长栗战书来到敖其镇,适逢镇里修路,

尤忠美制作的鹿皮、狍皮服饰

尤忠美向中央政治局委员、国务委员刘延东介绍鱼皮工艺的制作过程

通往尤忠美家的路十分难以行走,而省长的腿又意外受伤,同行的人都劝栗省长不要去了,但他不同意,坚持跛着脚一直走到尤忠美的家,参观了她的小博物馆,在纪念册上书写了"栗战书"三个大字。此事令尤忠美十分感动:省长日理万机,还惦记着我们赫哲人。我一定要传承好民族文化,她暗暗下定了决心。

随着尤忠美制作鱼皮服饰知名度的提高,她的作品也越来越多地被国内外馆藏。在国内,她制作的赫哲族服饰和鱼皮画被中国非物质文化遗产研究院、北京民俗博物馆、吉林省博物馆、长春师范大学、长春萨满欢乐园、长春辰龙集团、深圳融资股份公司、澳门博物馆等单位收藏。在国外,尤忠美精心制作的鱼皮服饰被美国亚洲民族文化研究院、韩国国家博物馆、日本北海道博物馆、匈牙利博物馆珍藏。国际萨满研究会匈牙利籍主席霍培尔先生十分看重尤忠美的鱼皮服饰,他说,这是历史的杰作,民族的瑰宝。

　　十多年来,尤忠美精心制作了大量的鱼皮服饰,她每天要工作到很晚,甚至到夜半以后。过度的劳累,使皱纹悄然地爬上了她的眼角,细嫩手指尖的皮肤经常磨掉了一层又一层,晚间疼痛钻心,常常难以入睡。爱人和婆婆心疼她,劝她不要再做下去了。她也曾想到过放弃。但是一想到现在的机遇这样好,国家注重少数民族文化遗产的开掘,想到那些眼巴巴盼货的订户,她又鼓励自己振作起来,一定要继续做下去,保护和传承好赫哲族文化技艺。她的母亲尤文兰也多次来到敖其村帮助女儿,为女儿连接上各种关系。"母亲一直在扶持着我走,我感谢妈妈。"尤忠美这样对我们说。

　　2009年2月9日,全国非物质文化遗产技能大赛在北京拉开序幕,尤忠美和三姨作为黑龙江省赫哲族的选手参加大赛,要现场展示鱼皮服饰的制作工艺。22日,全国农业展览馆里,各路诸侯亮出十八般武艺,大显神通,尤忠美当然不会示弱,也埋头做起了鱼皮服饰。令她意外的一幕出现了:中共中央政治局常委、中央书记处书记

2009年2月23日,在北京农业展览馆中共中央政治局常委李长春视察尤忠美的展台

李长春,国务委员刘延东,中宣部长刘云山,文化部长蔡武,文化部副部长周和平等领导来到了赫哲族的展台。李长春注意到了尤忠美身上穿着的鱼皮服装,亲切地问尤忠美:"这是什么做的衣服?"

尤忠美见到中央领导人虽然有些激动,但还是大大方方地回答道:"这就是我们赫哲族人的祖先曾经穿过的用鱼皮缝制的服饰,先人们就是穿着这样的衣服在黑龙江、乌苏里江、松花江上打鱼为生。我们是以渔猎为生的民族,是最早迎接太阳的民族,也是守望大江的民族。我们就是全国最小的五小民族之———赫哲族。"

李长春听她讲完,笑着双手鼓掌,说道:"还有穿着鱼皮衣服的民族呀,你们的祖先真是了不起。"

李长春又关切地问起赫哲族民族文化的发展、人民生活水平和医疗健康等方面的情况。

尤忠美告诉他,我们赫哲族的教育水平提高了,有自己民族的教师,孩子们都享受着国家义务教育,有的人上了中专、大学,还念了研究生。渔民的生活有了保障,逐渐走上了小康社会,国家出台了"新农合"政策后,赫哲人的医疗有了保障,促进了和谐社会的建立。我们赫哲人感谢党和国家。

李长春听后频频颔首。

尤忠美发现李长春的目光停留在了一只只制作精美的荷包上,她机灵地挑选了一只,双手捧到李长春的面前,笑着说,这是我送给您的礼物——鱼皮荷包。

李长春接过来说道:"这是最珍贵的礼物呀,我一定要保存好。"

这时, 尤忠美又给李长春等领导人唱起了赫哲族民歌 "嫁令阔",小调《大顶子山高又高》,她边歌边舞,聚拢过来的人也越来

第四章 多彩文化

多,她唱完后,李长春再一次鼓掌,并兴奋地招呼着身边的人,来,来,咱们大家一起合个影。他转头告诉随同记者,一定要把照片洗出来,送到赫哲文化传承人的手中。

当时,陪同李长春参观的文化部副部长周和平指着尤忠美感慨地说道:"黑龙江的展台太火了,有你这条能唱能跳的'美人鱼'在这里宣传赫哲文化,把赫哲族宣传得人人都知道了。"

(刘日强对本文有所贡献)

四、二十四节气渔猎歌

民歌在赫哲语中称作"嫁令阔",是小唱、小曲的意思。"嫁令阔"体裁分颂歌、民谣、对唱、渔歌、猎歌、叙事歌、风俗歌、摇篮曲等,语言生动丰富,极富表现力。

风俗歌中的节令歌,把赫哲人一年四季的民俗活动记录下来,展示了赫哲民族既特有又兼收并蓄的民俗事象。

在敖其,葛文鹏记录整理了其父演唱的一首《二十四节气渔猎歌》,较为完整地记叙了赫哲人的劳动生产过程。

> 地球围着太阳转,转了一圈是一年。
>
> 一年分成十二月,二十四节气紧相连。
>
> 上半年来七、二十一,下半年来八、二十三。
>
> 每月两个节气固定,最多不差一两天。
>
> 渔猎时间要抓好,二十四节气记周全。
>
> 正月立春阳气转,水浅冰厚眼难穿。
>
> 下网要找深水处,泡子河汊已冻干。

雨水到来沿河边，雪化打猎难上山。

皮子踪迹不好撵，收套收枪下了山。

二月里来龙抬头，捕猎下山把枪收。

准备渔具已开始，惊蛰煮网烧大钩。

春分阳坡已化干，备好网具和渔船。

男女老少全动手，不分昼夜忙得欢。

三月里来三月三，清明跳神请萨满。

全家男女遛到场，跪在地上闹一晚。

清明满江桃花水，谷雨开江下渔船。

四月里来四月十八，立夏开船把网打。

三四页板一起出，冷水哲罗牙罗撒。

小满到了下大钩，要找急水沙滩头。

五至七尺正合适，要是太深不扔钩。

五月里来五端阳，坡网下江把头忙。

大橛二橛莫日根，男女一起拉网纲。

忙种时节鱼到气，三花五罗游满江。

青草拔节开摆浪，胖头开始上网障。

小暑大暑六月间，开涨伏水串沟沿。

打开河坝放鱼进，撵伏网的沿江边。

第四章 多彩文化

七月里来立了秋,赫哲打鱼把伏网收。
大网底网全能打,处暑开始下盾钩。

白露节到八月间,割下柳条编障帘。
河口沟口全挡上,秋分开始接亮板。

九月寒露天见冷,霜降马哈出海滩。
捕着母子来撸子,腌鱼坯子晒鱼干。

十月里来立了冬,江跑冰讯河结冰。
准备下亮子串冻板,小雪开始把江封。

大雪时节冬月里,收起网杖套爬犁。
扛枪带犬去围猎,要打红围进山里。
冬至打猎进山川,专打鹿胎取熊胆。
扒下皮张做衣被,剔下鹿肉用盐腌。
打住野猪和獐狍,储存起来备过年。

山中狩猎 （迟玉赦 摄）

满载而归

小寒腊月数九天,围猎下套挖鹿圈。
撵狍子放犬抓野兔,夜晚住宿把皮袋穿。
过了大寒是新年,男女老少把新衣穿。
家家户户挂灯彩,晚辈给长辈去拜年。
见到长辈先请安,人人都给压岁钱。

十三月来一年多,套上爬犁装皮货。
去到驿站敖其部,换下粮食油盐醋。
一年的生活用品全,网线弹药和衣物。
备好一年的应用物,桃花水下来难行路。

第四章　多彩文化

——赫哲中部部落首府敖其考纪

敖 其 美

魏律民 词
朱季贤 曲

1=F 4/4

优美地

```
5  6 5 1   2 3 5. 6  5  1 3 2 3 2 1 1 -  1  2 1 6 5 3   2 3 5
松 花 江  呦呦    长 又 风        长 光  赫 哲 哲   座 落 在   在
猴 石 山  呦呦    好 人 豪        放. 热  热 土 就   养 落 在   育
```

```
5  6 5 3 2 1   2 -  3. 5 5   6 5 6. 1  1. 6 5 1 2 5 3 -
江 岸 山 心      上. 江 山   上 渔 船   清 波     摇鹿，
热 青 心        旁 肠 客   林 人 来了   藏野 有 好   酒，
```

```
3. 6 5  3 2 1  2 1 6 5  3. 5 2 3 2 1 1 -  3. 3 5 6 1 1. 6
岸 边 稻 菽   千 重 浪   啊 拉赫 尼 尼   那 来 来
芳 草 满 渔   壮 满 羊   啊 拉赫 尼 那
鱼 宴 歌 坡   笑 牛 堂   啊啊 拉 尼 那
```

```
5. 1 2 3 6 5 6 -  1 5 3  3 5 1  2 1 6 5  5 1 2 3 3  2 1 1 - :
赫  来赫来赫尼那.  绿水长 流 歌 不  断， 鱼美粮丰赫 哲 乡.
赫  来赫来赫尼那.  青山常 在 人心  暖， 春光洒遍赫 哲 乡.
赫  来赫来赫尼那.  山美水 美 人更  美， 美不胜收赫 哲 乡
```

```
6 5. 5 6 5 6 5 5  2 1. 1 2 1 2 1 1  5 1 2  2 3 5 1 6. 5
赫来  赫来赫来  赫来    赫来赫来  山美水 美 人更美.
```

```
3 3 5 6 2 1 1 5  1 - - -
美不胜收赫哲乡赫 雷.
```

144

我的家乡敖其湾

鞠云河 词
朱季贤 曲

第五章

DI WU ZHANG

灵山秀水

在敖其村有一棵大柳树,它根深叶茂,柳枝婆娑,挺拔壮观。本地的赫哲人唤它叫娘娘神柳。

传说赫哲人葛依克勒氏族落难敖其湾时,山穷水尽,是天神降一把"抄罗子"才使葛依克勒氏族得以生存。

当部落总长决定在此长居的时候,有一对年轻的夫妇,在天降"抄罗子"的地方,建起了"马架子"。他们深信不疑说,天降"抄罗子"的地方必定是宝地,在那里建家会带来好运的。

丈夫打鱼狩猎,妻子制衣做饭,过着怡然自得的富足日子。妻子生了孩子,平添了小两口的喜悦。

孩子快到半岁的那一年,阴雨连绵二十多天,松花江水泛滥,洪水淹没了沿岸的大片耕田和房屋。令小两口好奇的是,在他们的"马架子"西墙外不知什么时候长出了一棵柳树,树干郁葱枝丫茂密。

不可思议的是飞涨的洪水涨到离柳树不远的地方,却退潮了。敖其的葛姓氏族免遭一场灭顶之灾。

可不承想的是洪水退后，田野里的老鼠涌进了葛姓氏族部落觅食，人们吃了老鼠爬过和啃过的食物，开始头疼，发烧，"鼠疫"爆发了，葛姓氏族部落顿时笼罩在死亡的阴霾中。

小两口也难逃厄运，妻子撒手而去，丈夫病入膏肓，留下了待乳的婴儿。

一天，丈夫突然从生命的滞留中醒来，他看到襁褓里的孩子，嘤嘤地向他微笑，胖嘟嘟的小嘴角还沾着未干的乳汁。一碗褐红色的水，一盘狍子肉在饭桌上冒着热气。他掀开锅盖，锅里有草枝和红果煮的水，还冒着热气呢。他来到室外的"鱼楼子"（储藏食品和粮食的仓房），里边拾掇得井然有序，鱼皮子、兽肉干悬在了空中，粮食进柜也上了架。

他一脑门儿的疑惑，这是谁救的我？难道就是喝的这锅里的水

娘娘神柳

好的?想到这里,他找来木桶淘光了锅里的草水,送给同族的邻居们喝。当他回来的时候,惊奇地发现锅里草水又满了。

喝了草水的人们病情奇妙地有了好转,引来了众多的求救命水的赫哲人。锅里有了淘之不尽的草水,濒临灭亡边缘的氏族又重见了曙光。

有了体力的丈夫,该下江打鱼了。满载而归的他回到家,仍是满桌的热菜热饭在等着他,孩子吧嗒着小嘴"咿咿呀呀"地说着话呢。

是氏族里的好心人来帮忙? 他心里清楚,不会的。这个时候,各家都难以自保。于是,他向族里人说了。

这天,他仍像往常一样披挂整齐上山狩猎,出了门。实际上他并没有真的上山,而是和族里的乡亲们躲在了家门前不远的草丛里观察。

"马架子"里传来孩子的哭声,是孩子饿了。这时,从大柳树里走出一位妙龄女子,飘然地进了屋,只见她娴熟地抱起孩子,掀起前襟把充盈的奶子塞进孩子的小嘴,孩子的哭声戛然而止了。饱了孩子,她挎筐进山了。一会儿工夫,她拎着满筐的草枝和红果进屋点火煮水。

此时的人们都被眼前的情景看傻了眼,搞不清是真的还是眼睛出了问题。

他和乡亲们悄然回去向部落总长报告。

赫哲人居住的区域频发天花、水痘、麻疹、伤寒及其他瘟病,他们认为这不是魔鬼作怪,而是娘娘神撒下的病种,所以要祈求娘娘神驱逐走病种。部落总长说,这可能就是娘娘神,是她拯救了我们。

部落总长偕同众人,来到他的家。但见,一锅草水正冒着热气,一盘"塔尔卡"(杀生鱼)、一盘鹿肉干摆在桌上,孩子恬静地睡着了,那位妙龄女子已不见了踪影。

部落总长来到大柳树前,带头跪在树下,细语念叨着"娘娘神,保佑"。作揖膜拜好长时间,不愿离去。

全部落的族人都喝到了娘娘神赐给的救命水,免除了一场夺人命的瘟疫。

从那时起,这棵娘娘神柳,就成了敖其赫哲人的保护神。凡是遇到了大灾大难,部落总长都会携带众人求娘娘神柳解难。祭拜娘娘神树成了他们的传统仪式。

有谁家的孩子不好养活了,就会来到娘娘神柳面前求保佑,由孩子亲手为娘娘神柳系上一块红布,视认娘娘神柳做妈妈,由此也称巫妈妈柳。

娘娘神柳经历了风风雨雨,年年代代,却仍巍峨挺拔,无怨无悔地惠及着敖其的葛家氏族。

娘娘神柳的传说(赵营 绘)

很久很久以前,松阿里麻木(松花江)两岸花草树木、鸟兽鱼虫啥都有。可就是没有人。

巴玛玛(巴:天;玛玛:奶奶)从天上来到松阿里巡查,没人陪着说话唠嗑,感到憋闷得慌,就用石片刀砍下柳木和椴木,坐在江边刻出许多木头人儿。她不停地刻着刻着,和木头人儿说着话,不知不觉睡着了。

这工夫,一只大雕从江里抓住一条大鲤鱼,从这儿飞过,鱼身上的黏涎子就洒落在木头人儿身上。不知怎么的,木头人儿就都活了,

天神神偶

有男有女,有老有少,围着巴玛玛跳起舞来。

巴玛玛醒来后,木头人儿们就热热闹闹地陪着她巡查松阿里麻木。巡查完毕,巴玛玛回天上去了。撒下的木头人儿,用椴木刻的,身子沉,跑到了山间窝稽(森林)里,成了山黑斤(赫哲早期的称呼);用柳木刻的,身子轻,顺水跑到了下江,就成了水黑斤。

刚开始时,没有火,黑斤人不会做熟食,茹毛饮血。天头热时,吃的变臭变坏,黑特(小孩)们吃了闹肚子。天头凉了,只能钻山洞、地窖,黑特们冻掉了手指脚趾。就这样黑斤人越来越少了。

黑斤额真(首领)急了,请部落里的萨玛依据记忆中巴玛玛的模样,用木头刻出神像。刻完后,放在选好的神树下供起来。他们知道神树直通上天,就在神树根底部刻出巴玛玛的脸面。说也真灵,巴玛

山神神偶

玛通过木刻神像了解到黑斤人遇到了难处。

这一天,山黑斤打来许多野猪和狍子,放在倒木上。同在这一天,水黑斤捕了许多鱼,剖晒在木架上。巴玛玛一看机会来了,就派阿格地(雷)玛玛和托林克伊(闪电)玛玛,一前一后,又打闪又打雷,点着了倒木,点着了木架。火,烧熟了野猪和狍子,烤熟了鱼坯子。

烧熟的鱼兽肉香,飘散到山间水面,黑斤人在萨玛的指导下,吃起熟肉,想办法保存下火种。从此,黑特们再也不闹肚子了,手脚再也冻不坏了。很快,黑斤的人丁兴旺起来了。

从那以后,黑斤人把神树称作"通天树",把供在神树下的木头神像叫做"乌斯(熟肉)玛玛"。这"乌斯玛玛"是萨玛的助手,分成好多种,常常一种神像做一种事,各有分工。可神像的木料也有讲究,必须用柳木和椴木,这样才能通灵。

黑斤人,就是赫哲人的祖先,都是木头人儿变的。

三、库玛克德都

早些年,在南阿尔奇都(敖其的本称)大山一带,几个约宏嘎什(村屯)的哈拉(一个姓氏的族群),靠山的穿鹿皮,靠水的穿鱼皮。各约宏嘎什里的莫特(姑娘),从小跟大人学做鹿皮、鱼皮衣,染花绣朵。

那时的阿尔奇都约宏嘎什,位置在今天敖其松花江北部六十多里路地方,那时的松花江从汤原东江沿到佳木斯郊区的齐家通流的是直线。这个部落里有个莫特叫素炎银噶(黄花),她从小就爱舞叉射箭,不但不会做鹿皮、鱼皮衣,也不爱穿花花绿绿的皮衣。部落里的人都叫她假撮撮(小伙儿),十五六岁了,还没嫁出去。

这位素炎银噶射得一手好箭,使得一手好激它(扎枪),进山打围,猎得的山牲口每次都超过那些壮撮撮。她什么飞禽走兽都打,可就是不打鹿。

说来也怪,那鹿仿佛能听懂她讲话,在山里见到她,都围着她跳啊蹦地撒娇。南阿尔奇都大山里的鹿,都把素炎银噶当做自己的好伙伴。每次进山,鹿群就跟在她的身后,帮她采摘一些不知名的草药,带回部落里给大家治病。

部落里有几个撮撮偷着进山,捕了几只鹿,晒肉干吃。素炎银噶发现后,狠狠地抽了他们一顿藤鞭,把肉干都扔进了松花江。

时间长了,部落里的人都叫她"库玛克德都"(鹿姑娘),而素炎银噶的名字却很少有人知道了。部落里的欧科(嫂子)常常开玩笑:"库玛科德都,你将来会找一个鹿啊底(丈夫)做丈夫吧?"她听了,只是笑一笑,依旧我行我素。

在库玛克德都保护下, 南阿尔奇都大山一带的鹿群越来越兴旺,上江的托温(汤旺河一带)部落的鹿群,下江的珠邦(竹板屯一带)部落的鹿群,知道这里不打鹿,全跑到这里,满山满沟都是,弄得别的地方连根鹿毛都看不到了。

这年秋天,托温部落里的三十几个撮撮不信邪,合伙向南阿尔奇都大山一带库玛克德都住的地方杀来。群鹿一看大势不好,里三层外三层把库玛克德都围在里面。

托温部落的撮撮得寸进尺,愣是用激它刺死了几只鹿。这可气坏了库玛克德都,她分开鹿群迎了出去。虽然七八个撮撮被她打倒在地,终究寡不敌众,库玛克德都被托温部落的撮撮打晕扔到山涧里。三十多只鹿被打死掠走。

不知过了多长时间，库玛克德都醒来了，想往外爬，可手脚就是不听使唤。这时，从山涧外跑来两头大鹿，把她叼到一个山洞里。又有一头老鹿，像老额涅（妈妈）一样照顾她，兜来山水给她喝，采来药草给她吃，用舌头舔她的伤口，把她的伤给治好啦。

索性，库玛克德都不再回部落，和鹿群一起生活起来。

珠邦部落的人，没鹿可打，很是生气，决定出兵攻打南阿尔奇都山，把鹿群赶回下江。珠邦部落的人走了几十里，晚上在山下搭起桦皮撮罗子（临时搭起的披草或苦树皮的房子），大吃二喝，准备第二天攻山。

半夜里，库玛克德都率领鹿群冲下山去，角顶蹄踢，撞翻了撮罗子。上万头鹿，把珠邦部落的人撵得七零八落，狼狈地逃走了。

各个部落的人，要吃要穿，库玛克德都也觉得不是长久之计。伺候过她的那头老鹿仿佛看透了她的心思。每年入秋后，都往各个部落附近赶去几百只老弱病残的鹿，这样既保证了鹿群的质量，又保证了部落人的吃穿。各部落的人和鹿群一直和睦相处。

有一年，沿松阿里麻木的各个部落闹起了瘟疫。库玛克德都听说后，领着鹿群进山采药，有的鹿甚至把鹿角、鹿胎、鹿血等奉献出来，一起跑几十里甚至上百里路，到阿尔奇都、托温、珠邦部落为人们送药治病。

三个部落的人服用了鹿群送的药后，都好了起来。为了感谢鹿群的帮助，三个部落的人共同在大江边的草甸子上，举办了一个盛大的篝火晚会，人鹿共舞，尽情欢跳。

就在这天晚上，两只大鹿，各领着一群鹿，一个从西边的叫东江

库玛克德都雕塑

沿地方，一个从东边的叫齐家通的地方，朝南边的阿尔奇都大山方向一起用头上的角豁出两条大沟，在影壁山和大头山之间相通，从此松阿里麻木的水流在这里拐了一个大弓形弯。而阿尔奇都部落也从北边60多里的地方迁到了松阿里麻木南岸，部落里的人上山狩猎，下江捕鱼，从此变得非常方便。因为这里漫山遍野都是鹿群，远近的人们就把这里叫做"使鹿部"或"使鹿国"。"使鹿部"的人用猎获的鹿的皮肉制成裘服和肉脯，作为贡品送到上京或盛京，很有名气。

阿尔奇都，就是现在的敖其。这条由鹿群豁出的大甩弯也就叫做"敖其湾"了。

后来，阿尔奇都部落春秋两季举行专门祭祀库玛克德都的仪式，叫做"跳鹿神"。祭祀时，萨玛不但扎腰铃，打皮鼓，还要戴神帽，神帽上挂托力（铜镜），并配镶两只大鹿角杈，扎上八九条彩带。在吉星神(最清洁之神,仅次于天神。其神像一半脸红,一半脸黑)庙里,供奉着带鹿角的库玛克德都的雕像。

四、鳇鱼圈的来历

在敖其地方,乌改是个远近闻名的飞叉能手。

冰排刚刚跑净,乌改扛着桦皮船下了江。说来也巧,船划到敖其上湾顶水流的陡崖畔,发现了一头大鳇鱼。

乌改感到纳闷,每年鳇鱼从下江上来,都得一个月以后,这鳇鱼咋来得这么早呢?

送到手的大鳇鱼怎能放过。乌改将船悄悄地划到陡崖边,把手中的托柄三齿倒须叉抛了出去,正扎在鳇鱼脊背上。叉头已经深入鱼身,叉柄已经脱落,一根长长的绳索联结着叉头、叉柄和乌改。

大鳇鱼负痛而逃,叉柄在水面漂浮,鱼在水底狂游。乌改牵着绳索,尾随追逐。

中叉的大鳇鱼,从西大湾窜到东大湾,来来回回,疯狂奔逃十几趟,想甩掉身上的鱼叉。实在没有办法了,大鳇鱼放慢下来,回过头,游到乌改的船边,说道:"叉鱼能手,我是海神的助手麻特哈。海神派我到这里巡江的。请你放了我。回到海里后,一定多往敖其赶放鳇鱼。"

乌改听了,心想,哪有这个时间出现鳇鱼的道理,它是海神的助手无疑,伸手拔下了鱼叉:"你走吧! 我相信你说的话。"

大鳇鱼围着乌改绕了三圈儿,点了点头,扎进水中,向下江游去。

就在乌改追大鳇鱼的当口,从上水下来一条神杆上悬木鸟的官船。一个官员模样的人坐在船头,摇着手招呼他:"喂——那个刚才叉鱼的,请你过来说话。"

乌改把船划了过去:"请问大
人有什么吩咐?"

捕鳇图 （尤永贵 绘）

那官员模样的人站起来说道:
"我是三姓副都统衙门派下来的,
专门负责为皇宫里打东鱼(即贡
鱼)。我们正想在这里找个擅长叉鱼的渔丁。刚才看见你叉鱼,身
手不凡。你愿意给我们做渔丁吗?"

"做渔丁? 我不愿意。现在这样自由闲散多好,爱啥时打啥时打,
爱咋打咋打,爱打多少打多少。不想干。"乌改想了半天,拒绝了。

"哎! 别这样,你为朝廷打东鱼,也不耽误你打鱼摸虾啊。虽然
没有俸金,可以免去其他贡赋呢!"那官员劝道。

"那——每年的三张貂皮就不收了?"乌改有些不放心。

"都不要了! 你就一心一意打好你的鱼吧!"那官员摆了摆手,
又挥了挥手。

"嗯! 行,我干了! "乌改应答下来。

当年,皇宫里的贡鱼类都出自肇始之地,就把贡鱼称作"东鱼";
因是给皇宫进贡,又叫做"打皇鱼"。

那海神的助手麻特哈,真的实现了诺言,当年就赶过来千斤以上
的鳇鱼有十几头。乌改叉得了四五头,拴上笼头,放到鱼圈里养起来。

敖其鳇鱼圈建在上江湾的一处江通的泡子口,钉着一排高高的
木栅,装着里推的活动门儿。

捕来的大鳇鱼,夏天送不出去,只能待到入冬后,才能通过陆路
运到盛京、京城两地,分别用作祭奠、祭陵和皇族日常食用。

自从乌改做了渔丁,每年谷雨前后,那做海神助手的麻特哈都给乌改赶来十几头千斤以上的鳇鱼。乌改打的鳇鱼个头大,品质好。入冬起圈后,砍下的大鳇鱼头九条狗驾的雪橇拉着都费劲。敖其的鳇鱼头骨,晾晒色泽洁白,爽脆细腻,别的地方送的一斤仅值银子三四钱,而敖其的鳇鱼骨一斤值银子八九钱,叫做"敖其明骨"或"敖其鳇脆",享誉京城。

至于贡鱼中的翘头白鱼啦、鲫鱼啦、岛子鱼拉,总有百尾以上。

三姓副都统设在敖其打牲处的千总、外郎、渔头等,都借了渔丁乌改的光,得到了朝廷的丰厚赏赐。

这一年开春,从乌拉街皇宫打牲处来了一个催领,让敖其打牲处赶紧下江捕鳇鱼,说是京城里皇娘娘急着要吃这一口。

乌改说:"草根子发芽,大鳇鱼咬牙。上鳇鱼还得一个月后呢!"

可那催领不听他解释,吹胡子瞪眼:"让你下江,你就赶快下江,什么这个牙那个牙的!"

却说那敖其打牲处的渔头,早就知道海神助手麻特哈年年来巡江的日期,就让千总和外郎向催领报告,有这么一条大鳇鱼可打。

催领一听,心里乐开了花,赶紧调遣从乌拉街带来的亲兵,三姓副都统衙门的护兵,敖其打牲处的其他渔丁,足有五六十人,在松花江上下埋伏开来。只等那海神助手麻特哈巡江闯入敖其湾,将它捕获,送到京城邀功请赏。

那海神麻特哈可真忠于职守,准时地进入了敖其湾。乌改忙不迭地划船迎了上去,亮开嗓门喊道:"鱼神爷,赶紧回去!有人要捕获你,送到京城哪!快跑哇——"

可已经迟了。那些亲兵、护兵和渔丁，从四面八方围拢过来，刀啊叉啊钩啊网啊兜啊杆啊，空中、江面、水底，把麻特哈罩了个严严实实。那麻特哈浑身挂满了钩、叉、网，还挨了杠子，猛地一跃，

撒网

就跳到了江南岸，把那催领、外郎、渔头、亲兵、护兵等一个个摔得鼻青脸肿，满地找牙。

再看那海神的助手麻特哈，离开水了，就变成了一道大石梁，远看还像一条大鳇鱼，头东尾西，横卧在那里。人们叫这道大石梁为"阿真卓鲁"。

每年开春，下江前，乌改都向"阿真卓鲁"上供礼拜，求麻特哈保证捕到鱼。

还真灵验，每年还照样有十几条千斤大鳇鱼赶到这里来。敖其鳇鱼圈一直到清末还很兴旺。到了民国初期，人们都传说"阿真卓鲁"被海神召回，自打那时起，敖其湾就再也没有鳇鱼出现过。

五、卧龙山的传说

敖其镇长春村村西头有座山，叫卧龙山。从山的形态上看，山头上像盘踞着一条巨龙，这条巨龙威严肃穆。在这座山的山脚下，有条逶迤的小河，潺潺流水绕山流向松花江，添加了一丝这条卧龙的神秘。

生活在这里的村民说,卧龙山每逢大雪泡天的隆冬或是雷雨交加的夏季,卧龙都会发出撕裂长空的哀鸣;夜深人静的时候,在星月里卧龙会发出低沉的"嗡嗡"声,像是向人们讲述着它悲壮的经历。

相传在很久很久的以前,这里是块沃野富庶的土地,"棒打狍子瓢舀鱼,野鸡飞进饭锅里"。部落里有个赫哲小伙叫乌尔桑阿,长得龙背虎腰,彪悍无比,勤劳正直,乡亲们都非常喜欢他,亲切地唤他"大龙"。

大龙生性英俊,到了婚娶的年龄,长辈们把部落里最漂亮的姑娘呼娜雅撮合给他。呼娜雅天生丽质,温柔可亲,大龙非常疼爱。婚后,大龙下江捕鱼上山狩猎,呼娜雅织布种地,日子过得甜蜜富足又幸福。

咸丰四年五月四日(1854年5月30日),沙俄派穆拉维约夫率领一千余名"远征军",携带大量枪支弹药,分乘七十多只舰船入侵黑龙江、松花江流域,打破了这块土地的平静安乐。沙俄入侵者一路烧杀抢掠奸淫妇女无恶不作,激起了赫哲人的坚决抵抗。拒绝为入侵者带路,拒绝供应食物,自发组织力量打击入侵者。

话说一日,大龙起得很早,天上下着渐渐沥沥的小雨,他来到松花江上开始叉鱼,正忙着,在寂静的晨曦里隐隐地听见远处有哗哗啦啦的弄水声,他透过雨雾隐约地发现从下游驶来三艘船只,他知道沙俄毛子又侵扰来了,他立马回到了部落里,组织几十名青壮年来到江边,在大龙的指挥下,桦树皮小船迅速聚拢,向三艘俄船攻去。

晨雾里,俄船辨别不清方向,当大龙们的桦树皮小船靠近他们时,沙俄士兵被天降满江的桦树皮船弄得惊慌失措。大龙的弓箭百发百中,几个敌人应声倒下,靠近俄船的勇士们用扎枪(激达)刺杀着敌人。一时间,俄船上乱作一团,惊慌失措的俄人掉转船头狼狈逃窜了。

吃了败仗的穆拉维约夫又气又恨,调集兵力和船只连夜向大龙所在的部落发起了报复行动。大龙和伙伴们早就意识到俄毛子不会善罢甘休的,就动员家眷在附近的山里躲避起来,他们在江边和树林里布设了伏弩和佐机。

当俄人上岸穿过树林时,第一道防线安装在树干上的伏弩,发出"嗖嗖"的响声。敌人撞在了弓弦搭箭处的拉线,射死射伤多人。第二道防线佐机,敌人踏入了表面杂草伪装的安有佐机的土坑,敌人的脚陷入佐机里,动弹不得,疼痛难忍,传来多处呻吟声。大龙带领伙伴们手持鱼叉、扎枪、累刀(依哈特)作为第三道防线与冲上来的敌人殊死拼杀,可终究寡不敌众,力量悬殊,大龙和伙伴们被一伙敌人穷追厮杀,他们在黑夜里不知越过多少山梁和沟壑才甩掉了俄人。

当清晨他们返回部落的时候,部落已是一片灰烬。此时,他想到了呼娜雅,他呼喊着呼娜雅的名字,一口气跑到了山里寻找呼娜雅藏身的地方,可已不见踪影。

据说,当时俄人见部落里空无一人,就在附近的山野里清剿,见人就杀,见物就抢。呼娜雅被俄人蹂躏后和几名妇女被带走,生死不明。

大龙威武的一条汉子崩溃了,他不相信自己心爱的女人会死去,整日趴在山上向东方翘首盼望,盼望着有一天他的呼娜雅能够奇迹般地出现。他终日滴水不进,任凭风吹雨打,任凭烈日暴晒,他干枯了,变成了石头,变成了卧在山上的一条巨龙。

　据说,那条缠绵流淌不息的小溪,就是大龙思哭呼娜雅的眼泪,流入滚滚东去的松花江是他追随呼娜雅的向往……

卧龙山的传说(赵营 绘)

六、银狐仙女洞

敖其镇西,有个村叫卧龙村,村南有座山叫卧龙山,山上有个洞,这个洞大约有两米多高,长方形的洞口,这就是久负盛名的"银狐仙女洞"。十里八村的乡亲们把"银狐仙女"的故事代代相传,经久不衰。

传说很久以前,这座山附近的一个部落里,有一个赫哲小伙叫尤沓,从小就失去了妈妈,后妈总是训斥他,尤沓很痛苦,懒得进家门。一天,他悠闲地来到山脚下,发现几个孩子在圈抓一只小白狐狸。他想,小白狐这么小就离开了妈妈,它该多想妈妈啊!于是,他劝阻了那几个孩子,放了小白狐狸。

他来到山顶,远眺北方,滔滔的松花江江水滚滚东去,他心里无限地宽敞,可想到自己的家就觉得愁楚无限。爸爸早就看在眼里,总想为他尽早地找到一个媳妇,让儿子得到温暖和快乐,见了多少个姑娘可尤沓都是摇头,爸爸很生气,觉得尤沓是在和他赌气。

他唱起了歌,想排解心头的郁闷,歌声在山野里回荡。唱着唱着自己身边来了个女孩,随着他的歌声在翩翩起舞。女孩一身的白色衣裙,迈着萨满舞的舞步,轻盈秀美。女孩围着他盘旋,他端详着她的模样:可爱的瓜子脸儿,高耸的鼻梁儿,诱人的樱桃嘴儿,一身的仙气。心里想,感觉特别的好,可能这就是我所爱的人吧。他们唱啊跳啊,好开心,他从未有过的愉悦,坐在山崖上笑着说着,滔滔不绝,从未说过那么多的话。

天黑了,尤沓把她领回了家。突然领回这样一位美若天仙的女

第五章 灵山秀水

孩,爸爸心生疑惑,后妈脸色也不好看。尤沓丝毫不管父母们的态度,整日里和女孩甜蜜地在一起,缠缠绵绵,寸步不离,爱恋痴迷。几天后,他向爸爸提出结婚的要求,爸爸拗不过他,叫来了姑娘问个清楚。姑娘说,她叫胡萨哈,京城人。战乱血洗京城,亲人都在灾祸中丧命,她是唯一的幸免者。

婚礼举行了,尤沓的伙伴儿和亲戚都来敬新娘子酒,左一碗右一碗,胡萨哈抵不住浓浓的酒劲,美如天仙的胡萨哈此时顿觉头重脚轻,迈步踉踉跄跄,人们意外地发现胡萨哈的身后竟慢慢地长出一根白茸茸的尾巴来。原形毕露,胡萨哈原来是一只白狐狸精!本来就疑惑重重的爸爸,拿起斧子向狐狸尾巴砍去,这只狐狸尖叫着蹿出了院子,向卧龙山跑去。

尤沓丢了魂儿似的,他明知道娶的是一只狐狸,可他仍无怨无悔地离家出走,寻找他的胡萨哈。尤沓去了何方?是不是和胡萨哈过上了美满的生活就不得而知了,却给后人留下了许多的神秘的猜测。

实际上小白狐是感恩于尤沓的救命,变成贤淑美女恩爱与他,给尤沓生活上的温暖。

大人们时常给年轻人讲狐仙的故事,有一年,几个好信儿的小青年,真的下到了狐仙洞底想看个究竟,到了洞底,不承想一只白色的狐狸真的就蹲坐在他们的面前。惊慌失措的孩子们立马跪地磕头作揖。消息很快就像长了翅膀,传遍了十里八村,有个遭灾病孽的,人们都来到银狐仙女洞烧香膜拜,侍奉神灵,求药免灾,香火不断。

话说有个小伙儿去城里为母亲抓药,赶着马爬犁在回村的路上遇到了一个姑娘。小伙儿让她上了车,快走到村子时,姑娘说,大哥,快停下,我方便一下。小伙儿停下了,背向外没有回头,等候着,可时间很长了,小伙发现没有丝毫的动静,喊了几声也没有应声,心里很纳闷儿,咋回事儿?上哪儿了?寒冬腊月的一个姑娘落这多不放心呢!又等了好一会儿,不得已小伙回家了。吃完了饭,小伙儿早早地就休息睡觉了。他做了个梦,在梦里她见到了那位姑娘,姑娘说,不辞而别,真的对不起了。明天你带上一个碗,蒙块红布到狐仙洞,点香求药,药丸让你妈吃了,用药水擦拭眼睛两次,你妈的眼睛就会好了。

小伙儿惊醒了,半信半疑,天刚蒙蒙亮,就按照梦里所说,两日后,母亲的眼病真的全好了。消息传开,求药的人络绎不绝。

银狐仙女洞(赵营 绘)

七、草帽顶的故事

草帽村南,有一座高山叫草帽顶,海拔 353 米,阴雨天常有乌云围绕峰顶,像戴了顶草帽,故称草帽顶山。

对草帽顶的来历流传着这样一个故事:

村边住着一户无儿无女的赫哲老人,叫葛六三。老两口因为年事已高,体弱多病,不能下江打鱼,一年到头就靠采集蒲棒叶编些草帽儿卖,勉强度日。

外边下着雨,老两口又犯愁了,六三说:"老天变了,不让我们活了,赶上了关门雨,倒霉啊!"老太太宽心他说:"不怕的,咱冒雨下河泡采蒲棒叶去,难不住咱!""你说话不腰疼,缸里没米下锅了,还说硬话!""光犯愁没有用,老头子,还是下河泡去吧!"关门雨连着下了半个月,老人出不去门,没得草帽编也没草帽卖,真的让两个老人扎脖儿了。在老太太的督促下,两个人披上草编蓑衣出门了。

雨下得瓢泼似的,一阵紧似一阵,伸手不见五指,走不多远,六三说:"不行啊,老婆子啊,这天能干啥呀!别把咱俩的老骨头扔这!回去吧!"两人相互搀扶着左趔溜一下,右趔溜一下,艰难地往回走。快到家门口了,六三被脚下的东西绊了一下,两个人一个趔趄摔倒了。当他们爬起来的时候才发现,是一位姑娘躺在那里。

把姑娘搀进屋里,姑娘已是奄奄一息,说话声音都很微弱。老太太顾不上劳累和换件干衣,急忙为姑娘脱掉淋湿的衣物,放在炕头给捂上了被子。六三点火烧锅,把米缸里仅有的一点米下到了锅里。米汤好了,屋子里飘着好闻的米香气,老太太一勺一勺地喂着姑娘,姑娘的脸上泛起了红晕，咽下一碗米汤后，慢慢地醒来。姑娘见自己躺在热乎的炕上，面前两位慈祥的老人，眼泪潸潸流下。

老人问她，一个姑娘家独自一人来这荒山野岭做什么？原来，姑娘是京城的公主，耐不住城内的寂寞无聊，想独自出门浏览群山野岭，体会自然的亲近。可没想到，进了山就迷失了方向，又遇上连阴雨天，一连几天，恐慌、后悔、寒冷、饥饿、失望向她袭来。面临崩溃的时候，老人相救，她说："二老是我的救命恩人，没有您二老就没有我的今天了。"姑娘见老人膝下无儿无女就提出做他们的女儿，老人们高兴地不知说什么好。

天晴了，老人们一边细心照料着姑娘，一边外出割草蒲棒叶，夜里赶编草帽。这天，葛六三乐呵呵地回到了家，手里拎着棒子面，进门就喊："老婆子，快点给孩子蒸顿窝窝头吃吧！让孩子吃顿饱饭。"编了十多个草帽都卖出去了。离家太久了，不知父王和母后急成啥样了？身体恢复得差不多了，这一天，姑娘告别二老要回家了。姑娘走前，跪在老人们的面前，感恩不尽，老太太依依不舍泣不成声。葛六三为姑娘包上窝窝头，备上水，拉起姑娘送姑娘上路，老人们站在房前一直看不到姑娘的影子了才回到了屋里。

姑娘走了一个多月，可想坏了老两口。一天，有人敲门，打开门，门前站两位身着绸缎、风度不凡的陌生人。正纳闷儿呢，姑娘一脚跨进了门："爹——娘——"的喊着，一头扎进了老太太的怀里，嘤嘤地哭了起来。突然地看见亲人，老太太摸索着姑娘肩膀眼泪汪汪，葛六三愣在那里不知怎样好。

姑娘擦了把眼泪说："爹、娘，这是我父王和母后，今天是特意上门感谢您二老的。"国王说："您二老是公主的爹娘了，不是感谢而是接你们到我那里享福去！"听说来的是国王，老两口惊慌失措，连忙跪拜国王。国王赶忙上前搀扶二老起来，说："二老是公主的救命恩人，没有你们的相救，就没有公主的今天哪。"二老哪里敢去享那个清福呢?一再婉言谢绝。国王见老人诚心不去，就从怀里掏出些珠宝来，说算是报答老人的恩情，也算是公主孝敬老人的礼物。葛六三哪里敢收，又一再谢绝。公主见状和国王说："父王，不然给我爹我娘一个草帽吧。"国王答应了，念声咒语，一顶漂亮的草帽摆在了饭桌上。

葛六三高兴得不得了。国王说："从今往后不用起早贪晚割草编草帽了。"他告诉葛六三几句咒语，并且嘱咐他不要让坏人知道了，也不要让坏人得去，否则就会大祸临头的。

国王一家走了。第二天，十个二十个草帽摆在饭桌上，几天下来，葛六三卖得也非常的顺利，小日子一天比一天好。俗话说，隔墙有耳，没有不透风的墙。村里一个二流子知道了，带着人来到他的家："老六三，听说你家有宝贝了，拿出来让我见识见识啊。有好东西自己秘着真不地道啊。"葛六三惶恐地说："哪里的话，没有什么宝贝。"二流子翻脸了，说："敬酒不吃吃罚酒，那就别讲客气了，给我搜！"打手们开始翻箱倒柜地折腾起来，那顶草帽就藏在了后屋，葛六三心里想，保不住也不能让他们轻易得手，眼看保不住了，他疾步进到后屋，拿到那顶草帽，嘴里说着："国王啊，不能怨我啊，保不住这个宝贝了，让它给大山遮风挡雨去吧！"说着，打开后窗户，向窗外的那座大山的方向抛去。

被抛出窗外的草帽嗖嗖嗖地飞向大山，二流子一群人看到草帽被抛出房子，就蜂拥般地追赶那顶飞翔的草帽儿。那顶草帽子越飞越大，像块磁铁把追赶的那些人吸到了帽子里，草帽飞呀飞，最终牢牢实实地扣在了那座山上。

从此,这座山上就戴上了草帽,人们就叫它草帽顶子。

草帽顶的故事(赵营 绘)

八、龙脉山的故事

敖其镇和敖其新村,依山傍水,灵气十足。北侧是松花江的美丽敖其湾,南侧则是群山环绕,像一道天然的屏障。站在敖其新村往南望去,顺着敖其镇的西侧开始,有敖其西山、南山、簸箕山、馒头山、猴石山、大头山。这几座山呈弧形走向,环抱着敖其。实际上,这是一条龙的盘踞。敖其西山是龙的尾巴,大头山是龙的头,龙头伸进了松花江里喝着江水,敖其西山是龙的尾巴沉在了江里,戏着江水,首尾相接在松花江里。

敖其人说,这是敖其的龙脉。就是这样的一个神奇的景观,酿造出一个美丽的故事。

很久以前,敖其村里有个叫茫莫的小伙子和妹妹牙达尼相依为命,兄妹俩以打鱼为生。 一天早晨天刚亮,茫莫和牙达尼就扛着桨和捕鱼工具走出村口,直到江边,准备下江打鱼。牙达尼跳上船,趴在船帮上撩水洗把脸,在抬起头来时,她猛然发现了江的南侧有个奇怪的东西,便高声叫道:"唉! 哥——,哥——,你看,你看! "

茫莫被妹妹的突然惊叫,吓了一跳,忙问:"一惊一乍的,咋地了? "

牙达尼拽了哥哥一把,指着南边的一片草丛,说:"你看,那是什么? "

茫莫朝着妹妹指的方向看去, 只见一个庞然大物躺在草丛里。他俩没有来得及看清楚是什么,就慌张地收船上岸跑回村里。进村就喊:"不好了,有只怪物,好大呀! "一会儿工夫,就聚来许多的人,都在问出了什么事情。村里的丹图来了，说："人多仗胆，大家一块去看看吧。"于是，领着村里的人直奔村南的草丛。到了那儿，大家远远地望去，果然，那怪物足有二十多丈长，缸口粗，尾巴弯曲着，嘴边两条须子向前方伸展着，眼睛凸出，有鸡蛋那么大，隆起的两只角向着天空。

"龙啊，是条龙啊！"丹图失语般地脱口而出。随着话音刚落，"扑通"一声跪下了。

大家见他跪下了，"扑通""扑通"地都跪下了，齐刷刷的一片。

丹图带头磕起头来，"梆梆""梆梆"响声一片。头磕累了，丹图直起身子，对大家说："这是龙下界，必定会给我们带来吉祥，大家要轮流给龙磕头啊！"

大家长跪不起，丹图念念有词："龙王龙王，考察四方。腾云驾雾，出海入江。保佑百姓，四季平安。起驾回宫，龙体安康。"

随着丹图的祷告，只见那龙慢慢地收拢身子盘成一团，仰着头望天。茫莫说："这龙是从哪儿来的，它咋不飞呢？"

丹图说："它的到来，是我们赫哲人的吉兆啊！"

接着就发生了一件奇怪的事情。第二天早晨有人发现，村南有一块平平整整新开出的土地，第三天早晨又有一块。是谁开的呢？赫哲人都习惯打鱼狩猎，这些年没有开荒种地的呀！问来问去，没有人晓得。

有一天夜里，丹图做了个梦。梦里有一个黑小伙子来找他，对他说："我是那条龙的化身，是因为行错了雨，被罚到了此地，让我受七七四十九天的旱罪，不让我下江入水。来到这里有劳大家，无以报答。考虑到赫哲氏族打鱼狩猎为生，始终过着游离的生活，所以，每

第五章 灵山秀水

晚给大家开片荒地，以便大家种地打粮自给自足，过上小康生活吧。"

丹图赶忙跪下说："感谢龙恩，需要我们做些什么？"

黑小伙说："给乡亲们添麻烦，只求每天给我送点吃的就行。"说完，黑小伙就消失了。丹图醒来后，知道这是龙的托梦，赶紧召集人开会，安排各家各户轮流为龙送饭送水。

那时正处于炎热的夏季，太阳像火一样地照射着大地，龙一旦

龙脉山的故事（赵营 绘）

离了水,卧在那里能受得了吗?茫莫和牙达尼兄妹俩每天的正午,哥哥从江里挑水,妹妹拿盆儿往龙身上浇水降温。村里人见了,都行动起来,有的浇水,有的割青草盖在龙的身上。

龙很感动,不忍心让乡亲们劳作。有一天,它把龙头和尾巴伸到靠近松花江边的地方,这样为的是让大家免得为了救自己,走很多的路,遭那么多的罪。

七七四十九天到了,那天,全村的人跪拜天帝,烧香磕头,跳起萨满,求助天庭开恩。当天的晌午,天突然巨变,大雨瓢泼,电闪雷鸣,一道强光闪过,那条巨龙腾空而起,在敖其的上空周旋一刻,便悄然离去。

说来也怪,龙腾了空,天宇上晴空万里。更使人们惊呆的是,在阳光的普照下,龙躺过的地方,隆起了一座座山梁,大头山、猴石山、馒头山、簸箕山、南山、敖其西山,一道首尾相接在松花江上的龙脉形成了。

那以后,敖其赫哲人的生活果然一年比一年富庶了,他们都说这是龙的恩赐!

第六章
DI LIU ZHANG

江湾明珠

一、一块福泽的土地

敖其背靠完达山余脉的群山峻岭,面朝滚滚东去的松花江。

松花江奇怪地在这里甩了个很大的弯,滚滚东去的江水到了这里变得缓慢柔和,江水像一个布袋,鱼儿都聚在了这里,又像一潭湖水映照着江南岸的群山峻岭,祖祖辈辈生活在这里的赫哲人赞誉它为美丽的敖其湾。

江南岸的山岭由南而北蜿蜒起伏,整体区域呈现出南高北低之势。南部多低山丘陵;中部为阜岗缓坡区;北部为松花江沿岸的冲积平原区。

南部低山丘陵区,山峦起伏,绵亘不断,山势险峻,最高山峰——马鞍山于大来镇南部孤峰拔地而起,是全区最高点,海拔509 米。其余大小山峰高度均在海拔 150~508 米之间,至西格木乡和四丰乡,山势渐缓、渐低。河谷宽广,丘顶浑圆,坡度较缓。

有些山头岩石裸露,形成鳍状山脊和陡崖。山谷较多,长度在1~10 公里左右。个别山谷雨季积水成河(如火龙沟),出谷后漫入草

1997年,原全国人大常委会副委员长费孝通到敖其视察民族工作

美丽的敖其湾

甸。

在当地人看来都是以敖其境内的猴石山为轴心，分布在本区西、南、东三面，对佳木斯市区形成环抱之势，成为一道天然屏障。马鞍山、猴石山、西大城、胜华山等十余座山峰，其周围低山簇拥，绵亘不断。

由于东、南、西三面低山众多，山谷纵横交错。较大的山谷有西火龙沟、东火龙沟、腰火龙沟、大碯子沟、女光棍沟、孙小文沟、草帽沟、华拉沟和老道沟等九条山谷。最长的为华拉沟，该沟雨季积水成河，河水向下游宣泄，漫入草甸，形成无尾河。

当年的这里虎豹貉动物出没成群，真的是"棒打狍子瓢舀鱼，野鸡飞到饭锅里"，是一块福泽的土地。

由于敖其地理位置的重要，成为历代政治经济发展的重地，这里挖掘出许多的古城遗址，民兴大头山、四丰山、碯子沟、大来岗木舒图、三连石碯子山、中丰小城子等古城遗址，出土器物有罐、钵、陶纹轮、陶网坠、陶器残片等，经考证为早期铁器时代的文化遗存、古城遗址和金代城镇遗址。民兴古城遗址，发现链式三座古城遗址，古城为一大城，两小城，自然形成"品"字形。大城呈方形，南北长100米，东西宽230米，城墙为土筑，东墙中间有一门。两小城面积相等，呈圆形，周长400米。两城均朝大城方向开一城门。如今，大城城墙尚存一段，高11米。在三座城池内均采到陶器残片。经考证，此城建于金末明初时代。大来镇南城子村为古城遗址。古城呈长方形，城墙为土石混筑。东、南、西三面各辟一门。1979年以前，仍有城墙残基。1952年，在城遗址内出土铁箭头、马蹬、铜钱等文物。1962年，在城西北部出土一方金代铜印鉴，上刻"招抚副使之印"六字。1989年又

《黑龙江省地图册》1986年版敖其地理位置

黑龙江省委书记吉炳轩在敖其考察赫哲族文化工作

出土重 9.5 公斤的三足双耳直口铜釜。经考古专家考证,该城为金代沿江重镇。说明敖其在历朝历代的繁荣发展中都起到重要作用。

敖其也是兵家必争之地。山音二龙山古城遗址,位于大来镇山音村二龙山山顶。城墙为土石结构,呈椭圆形,随山势起伏。墙高 4.5 米,城池中散布 30 个半地穴式居住坑。城内有一口深井,上悬铁索链。早在 1685 年沙俄匪徒斯捷潘诺夫带众匪逆流而上,窜至山音附近,被清军与居于此处的赫哲人民打得落花流水,奔命逃走。这就是中国近代史上的"尚坚乌黑战役"。据《依兰县志》记载,1645 年(清顺治二年)远征山东之赫哲兵中未出天花者全部撤回驻守依兰一带。大来镇解放村一带曾驻有清兵。清顺治十五年(1658 年)沙俄军队窜到松花江,船驶到大砬子山下松花江中,清军从大砬子沟(今大来镇解放村南)向沙俄军队开炮猛轰。双方激战数小时,俄军败退而

2008 年 8 月 26 日,黑龙江省原省长栗战书到敖其赫哲族村考察民族文化工作

去。清光绪年间,大来岗沿江一带驻有清政府黑旗军。清光绪二十六年六月(1900年),黑旗军与沙俄军队发生一次血战。黑旗军死伤多人败退而走。沙俄军队登岸入村烧杀后窜回黑龙江。清军装备为每人盔甲1副,弓1张,撒袋1副,腰刀1口,梅针箭50根,每2人配备长枪1杆,每10人配备饭锅1口,帐篷1个。

敖其新村一角

盈盈一湾碧水

敖其湾赫哲族旅游区开园暨赫哲新村落成仪式"伊玛堪"演唱

敖其湾赫哲族旅游区开园暨赫哲新村落成仪式:跳鹿神舞

敖其承办的赫哲族第八届乌日贡大会：女萨满舞

敖其承办的赫哲族第八届乌日贡大会："伊玛堪"说唱

敖其承办的赫哲族第八届乌日贡大会服饰表演秀：抄罗子捕鱼

二、唤醒历史记忆

大约有半个世纪的时间，敖其的赫哲族人集体失忆了，对自己的社会身份模糊不清。

直到 1970 年，敖其的赫哲族群终于有一位觉醒者，重温旧梦，力主恢复"赫哲族"族称。

这个人叫葛文义。

葛文义，1936 年 3 月出生于敖其。中共党员。1950 年至 1953 年任敖其儿童团长，1958 年至 1971 年任郊区敖其村三队会计、队长，1971 年至 1976 年任敖其砖厂厂长、敖其大队大队长，1976 年至 1987 年任郊区敖其村党支部书记，1987 年至 1996 年任郊区敖其赫哲族村党支部书记。用老古典称誉，葛文义实质上是那个时期敖其赫哲人的"哈赉达"。

当时，敖其赫哲人的户口簿上"民族栏"填写着"满族"。葛文义向上级有关部门反映了敖其村有 65 户赫哲族村民由于历史原因误划为满族的情况。

在他的努力下，国家、省、市派以赫哲族研究专家刘忠波先生为主要成员的考证小组，对这个村的 65 户村民进行了考证。

光绪十七年（1891 年）富魁纂修《三姓志》，其"卷一地表"记述了三姓名称的由来，接着记述了三姓这个曾为赫哲人的故乡形成历史过程，四姓赫哲族原居住区域、户数及和清政府的关系。记载了顺治三年（1646 年）葛依克勒哈赍达斐雅勒塔克塔管带的赫哲人因为出力改为新满洲，即"依册满洲"，随之将卢业勒、葛依克勒、故什哈哩、舒穆鲁等四姓族长编为世管佐领，因以名城的历史。

民国九年（1920 年）编撰的《依兰县志·风物门》载："按依兰初辟，汉人无多，仅有佛满洲、伊车满洲（即赫哲）、陈氏与山把头而已，所有风俗，视京旗无甚异同。"在"祀事"部分，单设"伊车满洲祀事"，称为"此部落之人"，并设"佛满洲祀事"，可见"伊车满洲"与"佛满洲"二者之间是有所区别的。

赫哲先民生活场景

早期没有"民族"这个概念。直至民国,凌纯声引进国外的概念,才将"赫哲族"这个民族名称固定下来。说某某地域的人,为同一个民族,大抵要有种族、语言、风俗、宗教、文学、栖所、历史七个要件相合,再加上一个要件"外力"(如"民族成分"的划分),即八大要件。一个民族的形成,源于血统关系。有血统关系者,则为家族。居住于同一地方的、互通婚姻的多个家族,彼此相亲相爱,组成了部落。而由于地理位置相近,生产互联,贸易互通,各个部落之间不断拓展、接近、融汇,以至于团结为一,是谓民族。

刘忠波先生系《赫哲族简史》和《赫哲人》两部重要著作的编著者,继凌纯声之后研究赫哲族的权威。经过缜密的调研考证,刘忠波给出了结论,居住于敖其的 65 户满族人实为赫哲族人。

由此,从 1984 年到 1987 年这 65 户村民分批被更正了民族身份,从满族恢复为赫哲族。

这是赫哲民族史上的大事件。

葛文义的举动,引起了不小的轰动,突然在边疆地带的"腹地",

满式生活场景

突然"出现"了一个赫哲族群,而且被断定为消失的"赫哲人"又"复活"了。葛文义以民间族群中个人之力拼补断裂的历史,把赫哲故地埋藏了多年的行将彻底消逝的赫哲族群挖掘出来再现于世,功莫大焉。

葛文义老人

为了加快赫哲族政治、经济、文化社会事业的全面发展,经葛文义申请,敖其村于1987年由佳木斯市郊区人民政府正式批准为敖其赫哲族村。

葛文义担任第一任敖其赫哲村党支部书记。在党的民族政策的指导下,他率领赫哲族村民打破生产单一状况,引导村民向多元化生产发展, 村办砖厂的红砖质量达到省标,为村民改造住房5 400平方米,被评为省级文明村。不断改善办学条件,先后为村办学校协调资金50多万元维修校舍, 使赫哲族小学成为省改善办学条件先进集体。注重生态管理,被评为全国"十佳绿化村"。1994年,在他的组织下,成功地举办了全国第四届赫哲族"乌日贡"大会。1991年,葛文义被国务院授予全国民族团结进步先进个人。

敖其赫哲人民族身份的断裂与重新衔接成为一个象征。首先,赫哲族在明清两朝,特别是清朝,与满族同化,"化"为满族;再与汉族等同化,是谓"汉化"。先期"满化",再"汉化",而后又"赫哲化",这一奇特的历史回环,使敖其在赫哲民族史研究中,形成了一个里程碑式的典型标本。

保留下来的上马石

流传下来的八角鼓

流传下来的纽扣和帽珠

出土的骑士马镫

葛氏墓地出土的铜佩饰

黑龙江省委书记吉炳轩在敖其考察时与赫哲族村民合影

萨满神屋:为祖先神祭酒

附录一：敖其赫哲新村村民家庭情况统计表

户号	姓名	性别	年龄	民族	与户主关系	职业	文化程度
1	葛北岩	女	30	赫哲	户主	务工	高中
	郭宇	男	32	汉	丈夫	务工	初中
	郭霪杭	男	5	赫哲	儿子		
2	葛秀波	女	46	赫哲	户主	务农	初中
	陈民义	男	48	汉	丈夫	捕鱼、务农	初中
	陈葛	女	24	赫哲	女儿	移动公司工作	中专
3	葛冬华	女	40	赫哲	户主	个体经商	初中
	崔宝军	男	40	汉	丈夫	个体经商	初中
	崔露夕	女	20	赫哲	女儿	学生	出国留学
4	葛立刚	男	31	赫哲	户主	打工	初中
	刘云霞	女	27	汉	妻子	打工	中专
	葛海峰	男	2	赫哲	儿子		
5	葛亚军	男	55	赫哲	户主	个体经商	高中
	姜伟	女	53	汉	妻子	务农	小学
6	葛春明	男	52	赫哲	户主	个体经商	高中
	陈秀玲	女	51	汉	妻子	务农	初中
	葛冬雪	女	27	赫哲	长女	打工	初中
	葛冬娇	女	24	赫哲	次女	打工	初中
7	葛春江	男	49	赫哲	户主	打工	高中

户号	姓名	性别	年龄	民族	与户主关系	职业	文化程度
	赵淑珍	女	47	汉	妻子	打工	初中
	葛冬瑶	女	25	赫哲	长女	打工	大专
	葛冬月	女	23	赫哲	次女	打工	初中
8	葛春雷	男	46	赫哲	户主	打工	初中
	王志荣	女	45	汉	妻子	打工	初中
	葛冬菊	女	22	赫哲	女儿	打工	初中
9	葛立娟	女	29	赫哲	户主	务农	初中
	张俊龙	男	31	汉	丈夫	打工	初中
	张越盈	女	1	赫哲	女儿		
10	邹风云	女	78	赫哲	户主	家务	小学
11	张立成	男	47	赫哲	户主	司机	初中
	刘艳华	女	49	汉	妻子	家务	初中
	张占东	男	27	赫哲	长子	打工	高中
	张奇慧	女	22	赫哲	长女	打工	初中
12	葛立民	男	43	赫哲	户主	司机	初中
	曲守荣	女	41	汉	妻子	打工	初中
	葛伟丽	女	17	赫哲	女儿	学生	高中
13	葛文敏	女	50	赫哲	户主	务农	初中
	茹长春	男	52	汉	丈夫	务农	初中

第六章　江湾明珠

户号	姓名	性别	年龄	民族	与户主关系	职业	文化程度
	茹振雷	男	28	赫哲	次子	打工	初中
	何 凤	女	28	汉	二儿媳	家务	初中
14	茹振龙	男	29	赫哲	户主	打工	初中
	陈红伟	女	28	汉	妻子	打工	初中
	茹漪轩	女	5	赫哲	女儿		
15	葛宝军	男	44	赫哲	户主	打工	初中
16	于立军	男	33	赫哲	户主	打工	初中
	张 慧	女	32	汉	妻子	务农、养殖	初中
	于 淼	男	8	赫哲	儿子	学生	小学
17	于立彬	男	39	赫哲	户主	打工	初中
	张丽丽	女	37	汉	妻子	务农、养殖	初中
	于 滢	男	8	赫哲	儿子	学生	小学
18	于立辉	男	37	赫哲	户主	打工	初中
	于 洋	女	36	汉	妻子	务农、养殖	初中
	于 双	女	12	赫哲	女儿	学生	小学
19	葛长江	男		赫哲	（已故）		
	陈桂玲	女	75	汉	妻子	妻子	小学
20	贾春明	男	28	赫哲	户主	户主	初中
21	葛亚杰	女	52	赫哲	户主	户主	小学

户号	姓名	性别	年龄	民族	与户主关系	职业	文化程度
	贾金祥	男	53	汉	丈夫	打工	初中
	贾春龙	男	24	赫哲	次子	打工	初中
22	葛丽丽	女	24	赫哲	户主	家务	初中
	温道华	男	26	汉	丈夫	打工	高中
23	葛亚茹	女	43	赫哲	户主	打工	初中
	蒋建国	男	21	赫哲	儿子	学生	大学
24	沈红宴	男	27	赫哲	户主	打工	初中
25	葛秀芹	女	59	赫哲	户主	务农	小学
	高国军	男	58	汉	丈夫	打工	小学
26	高荣志	男	35	赫哲	户主	打工	初中
	王丽丽	女	33	汉	妻子	家务	初中
	高 凯	男	5	赫哲	儿子		
27	葛桂华	女	53	赫哲	户主	打工	初中
	韩云龙	男	27	赫哲	儿子	残疾	
28	张建华	男	35	赫哲	户主	打工	小学
	范秀红	女	33	汉	妻子	打工	小学
	张 洛	男	10	赫哲	儿子	学生	小学
29	张建国	男	29	赫哲	户主	打工	初中
	刘大艳	女	26	汉	妻子	打工	初中

第六章 江湾明珠

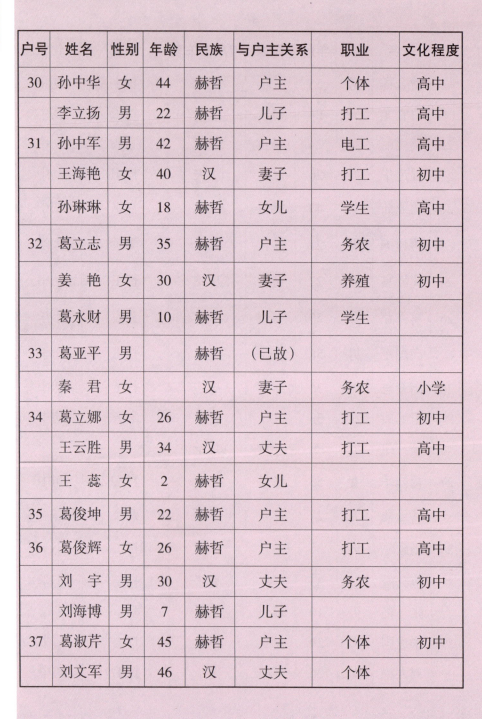

户号	姓名	性别	年龄	民族	与户主关系	职业	文化程度
30	孙中华	女	44	赫哲	户主	个体	高中
	李立扬	男	22	赫哲	儿子	打工	高中
31	孙中军	男	42	赫哲	户主	电工	高中
	王海艳	女	40	汉	妻子	打工	初中
	孙琳琳	女	18	赫哲	女儿	学生	高中
32	葛立志	男	35	赫哲	户主	务农	初中
	姜艳	女	30	汉	妻子	养殖	初中
	葛永财	男	10	赫哲	儿子	学生	
33	葛亚平	男		赫哲	（已故）		
	秦君	女		汉	妻子	务农	小学
34	葛立娜	女	26	赫哲	户主	打工	初中
	王云胜	男	34	汉	丈夫	打工	高中
	王蕊	女	2	赫哲	女儿		
35	葛俊坤	男	22	赫哲	户主	打工	高中
36	葛俊辉	女	26	赫哲	户主	打工	高中
	刘宇	男	30	汉	丈夫	务农	初中
	刘海博	男	7	赫哲	儿子		
37	葛淑芹	女	45	赫哲	户主	个体	初中
	刘文军	男	46	汉	丈夫	个体	

户号	姓名	性别	年龄	民族	与户主关系	职业	文化程度
	刘　畅	女	22	赫哲	次女	个体	初中
38	葛恩荣	男	68	赫哲	户主	务农	小学
	刘月华	女	61	汉	妻子	务农	小学
	葛玉成	男	34	赫哲	儿子	打工	小学
39	葛文秀	女	55	赫哲	户主	个体	小学
	梁相山	男	59	汉	丈夫	务农	初中
40	葛恩生	男		赫哲	（已故）		
	赵庆芳	女	57	汉	妻子	打工	初中
	葛文强	男	28	赫哲	儿子	打工	初中
	周丽佳	女	28	汉	儿媳	打工	初中
41	张文忠	男	39	赫哲	户主	个体户	高中
	于海波	女	37	汉	妻子	个体户	初中
42	葛丽霞	女	71	赫哲	户主	无业	初中
43	张秀华	女	41	赫哲	户主	务工	初中
44	张文军	男	49	赫哲	户主	个体户	小学
	毕　霞	女	51	汉	妻子	无业	初中
	张立辉	男	25	赫哲	长子	个体户	初中
45	葛恩明	男	60	赫哲	户主	无业	小学
46	葛亚苏	男	61	赫哲	户主	务农	小学

第六章　江湾明珠

户号	姓名	性别	年龄	民族	与户主关系	职业	文化程度
	山文英	女	60	汉	妻子	务农	小学
47	葛立华	女	41	赫哲	户主	打工	初中
	齐长青	男	41	赫哲	丈夫	打工	初中
	齐春玲	女	22	赫哲	次女	打工	初中
48	于佳其	男	22	赫哲	户主	医生	大专
49	葛玉梅	女	31	赫哲	户主	打工	初中
50	葛丽凤	女	35	赫哲	户主	个体饭店	初中
	李相海	男	35	赫哲	丈夫	个体饭店	初中
	李雨航	男	15	赫哲	长子	学生	初中
	李雨哲	男	7	赫哲	次子	学生	小学
51	李艳芳	女	46	赫哲	户主	个体饭店	初中
	刘义	男	48	汉	丈夫	公务员	大专
	刘朝瑞	男	17	赫哲	儿子	学生	高中
52	葛亚明	男	50	赫哲	户主	务农、捕鱼	初中
	毕桂梅	女	47	汉	妻子	务农	小学
	葛立伟	男	23	赫哲	儿子	打工	初中
53	葛亚成	男	47	赫哲	户主	务农、捕鱼	初中
	刘金萍	女	50	汉	妻子	务农	初中
	葛丽娇	女	24	赫哲	长女	移动公司工作	中专

户号	姓名	性别	年龄	民族	与户主关系	职业	文化程度
54	葛立梅	女	33	赫哲	户主	务农、打工	初中
	王志敏	男	34	汉	丈夫	务农、打工	初中
	王葛成	男	14	赫哲	长子	学生	初中
	王宇成	男	6	赫哲	次子		
55	葛淑华	女	53	赫哲	户主	务农	高中
	陈希林	男	55	汉	丈夫	务农	初中
	陈永	男	26	赫哲	长子	打工	初中
	陈佳佳	女	24	赫哲	长女	打工	初中
56	葛文义	男	77	赫哲	户主	无业	初中
	张景芳	女	70	汉	妻子	无业	初中
57	葛秀华	女	48	赫哲	户主	打工	初中
	李伟	女	26	赫哲	女儿	打工	中专
58	葛艳	女	46	赫哲	户主	打工	高中
	刘翔	男	14	赫哲	儿子	学生	
59	宛忠利	男	41	赫哲	户主	务农	初中
	肖华	女	34	汉	妻子	务农	初中
	宛立艳	女	15	赫哲	女儿	学生	
60	宛忠生	男	50	赫哲	户主	务农	初中
	宋桂荣	女	50	汉	妻子	务农	初中

第六章 江湾明珠

户号	姓名	性别	年龄	民族	与户主关系	职业	文化程度
	宛立娜	女	24	赫哲	次女	打工	初中
61	宛丽娟	女	26	赫哲	户主	开鱼馆	初中
	朱雪	男	27	汉	丈夫	开鱼馆	初中
	朱宏辉	女	5	赫哲	女儿		
62	葛秀俊	女	45	赫哲	户主	打工	初中
	单诗雅	女	26	赫哲	长女	打工	大学
63	葛志刚	男	54	赫哲	户主	打工	初中
	谭淑霞	女	50	汉	妻子	打工	高中
	葛兰	女	28	赫哲	女儿	教师	大学
64	葛俊山	男	46	赫哲	户主	司机	高中
	葛宝金	男	26	赫哲	长子	司机	初中
	葛宝有	男	23	赫哲	次子	司机	初中
65	解永亮	男	26	赫哲	户主	鱼皮画、鱼皮手艺传承人	大专
	高博	女	24	汉	妻子	教师	大专
66	于立华	女	47	赫哲	户主	个体	高中
	解金财	男	48	汉	丈夫	个体	高中
67	葛秀兰	女	32	赫哲	户主	打工	高中
	刘佳平	男	33	赫哲	丈夫	打工	中专
	刘怀远	男	4	赫哲	长子		

户号	姓名	性别	年龄	民族	与户主关系	职业	文化程度
68	葛俊岩	男		赫哲	（已故）		
	李淑芹	女	70	汉	妻子	无业	初中
	葛宝臣	男	36	赫哲	三子	打工	初中
69	葛凤华	女	39	赫哲	户主	打工	初中
70	葛文玲	女		赫哲	（已故）		
	李信	男	78	汉	丈夫	无业	小学
	李洪君	男	44	赫哲	长子	打工	初中
	李洪峰	男	36	赫哲	次子	打工	初中
71	葛玉超	男	47	赫哲	户主	务农	初中
72	葛立军	男	47	赫哲	户主	打工	初中
	郑玉荣	女	46	汉	妻子	打工	初中
	葛佳欣	女	21	赫哲	女儿	打工	
73	葛思佳	女	12	赫哲	户主	学生	
	关淑芹	女	58	汉	奶奶	打工	
74	姜秀华	女	46	赫哲	户主	务农	初中
	刘殿龙	男	47	汉	丈夫	务农、养殖	初中
	刘岩	男	23	赫哲	儿子	学生	大专
75	葛文红	女	45	赫哲	户主	务农	初中
	王开富	男	47	汉	丈夫	务农	初中

第六章 江湾明珠

户号	姓名	性别	年龄	民族	与户主关系	职业	文化程度
	王化飞	男	19	赫哲	长子	打工	初中
	王化龙	男	7	赫哲	次子		
76	葛利全	男	38	赫哲	户主	打工	初中
77	葛淑红	女	36	赫哲	户主	打工	初中
	马 乐	女	15	赫哲	女儿	学生	初中
78	姚 伟	男	43	赫哲	户主	打工	初中
	葛桂荣	女	41	汉	妻子	打工	初中
	姚敏杰	女	20	赫哲	女儿	打工	初中
79	杨 龙	男		赫哲	户主	打工	初中
80	葛秀娟	女	35	赫哲	户主	残疾	小学
	魏彦明	男	40	汉	丈夫	务农	初中
	魏佳洋	男	9	赫哲	儿子		
81	葛秀芬	女	44	赫哲	户主	打工	初中
	于占洋	男	22	赫哲	儿子	打工	高中
82	孙晓利	男	43	赫哲	户主	打工	初中
	孙安宁	女	18	赫哲	女儿	打工	高中
83	兰海霞	女	31	赫哲	户主	打工	初中
	张利辉	男	33	汉	丈夫	司机	初中
84	葛明智	男	41	赫哲	户主	公务员	高中

户号	姓名	性别	年龄	民族	与户主关系	职业	文化程度
	潘秀杰	女	40	汉	妻子	信用社工作	高中
	葛媛媛	女	17	赫哲	女儿	学生	高中
85	傅宝刚	男	45	赫哲	户主	镇政府工作	高中
	尤忠美	女	44	赫哲	妻子	个体鱼馆	中专
86	姚艳玲	女	43	赫哲	户主	务农	初中
	杨庆	男	44	汉	丈夫	务农	初中
	杨秋月	女	17	赫哲	长女	学生	中专
	杨秋雪	女	11	赫哲	次女	学生	小学
87	葛立国	男	36	赫哲	户主	打工	初中
	于金娥	女	35	汉	妻子	打工	初中
88	刘洋	女	25	赫哲	户主	医生	大专
89	葛彦福	男	78	赫哲	户主	退休	高中
	史淑珍	女	61	汉	妻子	家务	初中
90	姚艳秋	男	78	赫哲	户主	敖其村书记	高中
	关淑芳	女	48	汉	妻子	家务	初中
	姚敏娟	女	21	赫哲	女儿	打工	高中
91	葛玉华	女	43	赫哲	户主	务农	初中
	宋德军	男	44	汉	丈夫	打工	初中
	宋杨	男	22	赫哲	儿子	学生	大学

户号	姓名	性别	年龄	民族	与户主关系	职业	文化程度
92	葛彦生	男	47	赫哲	户主	供电所工作	高中
	孙玉梅	女	45	汉	妻子	个体鱼馆	
	葛明达	男	20	赫哲	长子	部队服役	高中
	葛明芳	女	23	赫哲	长女	学生	大学
93	侯臣	男	41	赫哲	户主	务农	初中
	麻俊凡	女	43	汉	妻子	打工	初中
	侯云龙	男	20	赫哲	儿子	打工	初中
94	侯　霞	女	42	赫哲	户主	务农	初中
	侯文及	男	22	赫哲	儿子	打工	初中
	侯文丽	女	5	赫哲	女儿		
95	葛春华	女	38	赫哲	户主	打工	初中
	王占军	男	40	汉	丈夫	务农	初中
	王修成	男	19	赫哲	儿子	打工	初中
96	葛丽萍	女	42	赫哲	户主	务农	初中
	吴文革	男	44	汉	丈夫	务农	初中
	吴佳宝	男	7	赫哲	儿子		
97	葛亚民	男	67	赫哲	户主	务农	小学
	陈纯贤	女	64	汉	妻子	务农	小学
	葛利鑫	男	26	赫哲	儿子	打工	初中

户号	姓名	性别	年龄	民族	与户主关系	职业	文化程度
98	姚艳春	男	53	赫哲	户主	司机	初中
	刘玉华	女	51	汉	妻子	务农	初中
99	姚飞宇	男	7	赫哲	户主		
	于春玲	女	29	汉	母亲	打工	初中
100	葛利梅	女	34	赫哲	户主	教师	大专
	于红岩	男	35	汉	丈夫	打工	高中
	于明川	男	11	赫哲	儿子		
101	姚艳波	女	51	赫哲	户主	打工	初中
102	葛秀娟	女	37	赫哲	户主	打工	初中
	孙海鑫	男	11	赫哲	儿子	学生	
103	葛宝华	男	41	赫哲	户主	新村主任	高中
	田绪红	女	37	汉	妻子	打工	

第六章 江湾明珠

三、江湾旧貌换新颜

敖其赫哲族村位于佳木斯市西郊 23 公里处，该村地处佳木斯市郊区敖其镇政府所在地，方圆 12 平方公里。全村总户数 1 004 户，总人口 3 345 人，其中，赫哲族 103 户，326 人。全村现有耕地 5 159 亩，是一个以种植业和畜牧业为基本产业，以旅游度假为重点产业的中郊村。种植作物主要包括大豆、玉米、水稻等，养殖户近 500 家，占全村总户数的 49%。村内有一所赫哲族小学，占地面积 1.7 万平方米。

敖其赫哲族村 1984 年建制，村民居住草房，有赫哲族农户 65 户，286 人。其中多数以渔猎为生，人均收入 500 元左右，生活十分简朴。赫哲族人原来几乎都是文盲，学生入学率和村民就医率都非

敖其赫哲族新村远眺

黑龙江省委书记吉炳轩到敖其赫哲族新村视察

常低。改革开放后,随着国家兴边富民政策和少数民族优惠政策的颁布和实施,赫哲人开始转产,发展种植业、养殖业、运输业、服务业和外出务工,赫哲人的物质生活水平日益提高,赫哲族的住房砖瓦化达到95%以上,家用电话、冰箱、电视机、摩托车都走进了平常百姓家,村内有线电视入户率达到80%,赫哲族人均收入增加到1 800元,有16户家庭人均收入实现3 100元。2004年在国家少数民族优惠政策的支持下,畜牧业发展较快,打深水井一眼,使农户吃上了放心的自来水,入户率达到100%。村内5条主街道,总长2 000延长米,实现白色路面、彩色道板、绿树成荫、路灯照明,达到了绿化、美化、亮化。

2006年以来,敖其赫哲族村主要实施了5项建设项目,总投资2 896.2万元,其中省财政投入150.2万元,市财政投入500万元,区

第六章　江湾明珠

建设中的敖其赫哲族新村(之一)

建设中的敖其赫哲族新村(之二)

建设中的敖其赫哲新村(之三)

政府投入 246 万元。

2006~2010 年建设项目 12 个,总投资 2 896.2 万元,其中国家投资 220 万元,省投资 2 150 万元,地方投资 526.2 万元。2006 年人均收入达到 4 006.8 元,2010 年人均收入达到 7 582 元, 比 2006 年增加 3 575.2 元,增长了 89.2%。

敖其赫哲族村先后将 2 公里村内 5 条主街修建成白色路面,将 11 公里辅街和巷道全部修成砂石路,修建边沟 5 公里;结合赫哲新村建设,在新村新打深水井 1 眼,基本解决了全村的饮用水问题;投资 39 万元,安装路灯 52 盏,使佳滨公路敖其过境路段实现了亮化;在佳滨公路两侧砌花池 1 000 平方米,栽银中杨及各种花卉,实现了绿化、亮化、美化;投入资金 20 余万元,集中开展农田基础设施建设;通过改造维修泵站,进行干渠清淤 1.5 万米,有效增强了农业生产能力,为农业增产和农民增收提供了有力保障。

旅游业发展迅速,景区建设稳步发展。佳木斯敖其湾赫哲族旅游区项目总占地面积 83 公顷,旅游区共分为入口综合服务区、综合文化展示区、滨水休闲旅游区、生态预留发展区、狩猎休闲旅游区、赫哲新村发展区六大功能区,项目总投资 1.41 亿元。目前新村民居施工建设已完成 103 栋,达到入户标准,房屋已分配到户。道路、给排水、供电、沼气池、绿化、亮化等设施建设也基本完工,萨满神屋、文化产业中心等设施建设 2010 年已全部完成。在敖其赫哲族旅游区建设了占地 174 亩的 100 栋蔬菜大棚,项目总投资 280 万元,现已投入使用。

随着农村经济的稳步发展和村民收入的不断提高,逐年加大了对教育和科技的投入,整体素质显著提高。2008 年,投入资金 220 万元,建成了 3 000 平方米的敖其赫哲族中心小学;新建卫生院 300 平方米,满足了群众基本医疗需要;不断加大对农民科技培训力度,组织实施青年农民培训、科技入户、阳光工程等科教工程,培养了一大批农村科技能人。

以新农村建设为契机,以村容村貌整洁为切入点,加大投入力度,形成了村内环境综合整治的长效机制,成效显著。仅 2010 年整治期间就出动车辆 500 余台,出动人力千余人,清理畜禽、生活等各类垃圾 7 000 多立方米。加强了排水设施建设,整理出标准统一的边沟 26 000 延长米,村里配备了专门的保洁员,建立了长效保洁机制。

加强文化阵地建设,在村综合文化活动室新增 200 册图书,配置了电脑、台球桌和乒乓球桌等设施,建设了文化休闲广场,进一步

萨满神屋入口

萨满神屋:祭拜神灵

丰富了农民的业余文化生活。2009年，承办了全国第八届"乌日贡"大会，有10个代表队、1 500人参加，从体育、演唱、舞蹈、工艺品展、服装表演等方面作了全面展示，提高了敖其赫哲族村的知名度，增进了民族团结。

佳木斯市委、市政府高度重视民族村发展，市委、市政府领导多次到赫哲族村实地考察调研，对建设赫哲族新村和民俗风景区提出了明确具体的要求。2007年10月16日，李海涛市长带领多个部门到郊区进行现场办公，听取了郊区赫贵涛区长的汇报。会议（第五十六次市长办公会议纪要）确定：成立以副市长张书滨为组长，郊区政府、市政府办、行政服务中心、财政局、发改委、交通局、建设局、规划局、国土资源局、水务局、民宗局、林业局、环保局、旅游局、体育局、文化局、新农办、宣传部、消防支队参与的工作组，推进落实项目建设。由郊区政府、市旅游局负责相关工作的综合协调，市政府办公室负责具体工作的督办落实。2008年7月《佳木斯市敖其赫哲族旅游区总体规划》以及《佳木斯市敖其赫哲新村修建性详细规划》获得批准，赫哲新村开始施工。2008年8月，时任省长栗战书亲临施工现场视察，并给予充分肯定。2008年10月为了落实省市、区对新村以及景区的重视，郊区区政府决定对整个旅游区块进行修建性详细规划。2009年12月，时任省长栗战书再一次亲临新区检查指导工作。

敖其湾赫哲族旅游区项目是市、区为改善赫哲族村民生产生活条件、保护和挖掘民族文化、发展民俗旅游业共同开发建设的项目，是佳木斯市打造高端服务中心的重点项目。敖其赫哲族村现有赫哲族村民103户、326人，约占全国赫哲族人口的1/10。他们改善生产生活条件、建设新村的愿望迫切。省委、省政府领导多次作出批示，

初冬敖其赫哲新村一角

敖其新村办起了多家赫哲风情饭店、旅店

省相关部门先后到敖其赫哲村进行考察调研。市、区、镇三级党委、政府为改善赫哲族村民居住条件,增加村民收入,提出结合新村建设开发敖其湾赫哲族旅游区项目。项目规划总占地面积83公顷,分为入口综合服务区、赫哲新村发展区、滨水休闲区、综合文化展示区、狩猎休闲区和生态预留发展区六大功能区。规划用3年的时间建成"全国一流、省内领先"的集生产生活、休闲度假、餐饮娱乐为一体的综合性旅游区。2008年重点进行新村建设,达到入住标准。2009年实施赫哲族新村基础设施和配套设施建设,做好赫哲族居民的搬迁工作,完成景区文化设施和基础设施建设。2010年,完成了其他功能区经营项目的建设工作。并已于2010年9月10日正式开园。赫哲新村内主要经营项目是餐饮和旅馆,目前餐饮旅馆一条街已粗具规模。

姜秀华出生在敖其村,从小就跟父亲在松花江打鱼,是个捕鱼能手。在赫哲新村建成后,姜秀华开了一家"赫哲家庭旅馆",面积有一百多平方米,三个房间。旅馆具有浓郁的东北风格,其中一间修了一铺大火炕,还有一间正好住三口之家。因位置在村口,前后窗正对景区最佳点,很抢手,旅游旺季一个月收入五六千元,客人来自上海、香港等地。

葛丽凤和丈夫李相海夫妇,原来在敖其村开了一家饭店。新村建成后,他们将饭店迁移到了敖其新村,挂起了富有赫哲艺术色彩的"赫哲农家饭庄"的招幌。饭店有三个房间,每次可摆三张桌。饭菜具有独特的赫哲特色,有一鱼多吃、全鱼宴,也有东北特色八大炖。自开业以来,非常热火,吸引远近食客纷至沓来。

敖其承办的赫哲族第八届乌日贡大会上的敖其代表队

敖其承办的赫哲族第八届乌日贡大会上的男萨满舞

江湾渔歌

——赫哲中部部落首府敖其考纪

敖其承办的赫哲族第八届乌日贡大会上敖其荣誉村民蒋丽萍高唱一曲《敖其美》

敖其湾赫哲族旅游区开园暨赫哲新村落成仪式上的歌舞表演：天鹅姑娘

敖其湾赫哲族旅游区开园暨赫哲新村落成仪式上的弓箭射猎和鱼皮贴画演示

赫哲新村居室一瞥

李相海、葛丽凤开办了赫哲族农家饭庄

附录二：建村以来历届村党支部书记、村民委主任任职情况表

年份	党内职务	姓　名	行政职务	姓　名
1986~1995	书记	葛文义	村长	于春雷
1996~1999	书记	于春雷	村长	葛亚范
2000~2002	书记	姚艳秋	村长	张忠信
2003~2005	书记	姚艳秋	村长	于春雷
2006~2011	书记	姚艳秋	村长	田洪星

　　敖其湾赫哲风情园，是在佳木斯市和郊区两级政府的关怀下，为改善赫哲族村民生产生活条件、保护和挖掘民族文化、发展民俗旅游业，全力打造的赫哲族新农村的小康工程。在建设和规划赫哲新村时，注重坚持了赫哲新村建设与开发旅游资源相结合、与改善赫哲族群众生产生活条件相结合、与保护和发展民族文化相结合、与新农村建设相结合、与发展特色经济相结合的总体思路。

　　敖其湾赫哲风情园占地 83 公顷，划分为入口服务、文化展示、滨水休闲、采摘园、狩猎休闲、赫哲新村六大功能区。总投资 1.41 亿元，政府投资 6 000 万元。进入新村和景区内的道路约 2.5 公里，在

时任郊区区委宣传部长于波在作敖其湾赫哲族旅游区规划介绍

第六章　江湾明珠

敖其湾赫哲族旅游区规划图示板

佳滨公路上有五个入口进入新村寓意五福临门。而且还四通八达，环环相绕，绕出和谐、绕出平安，共同通往民族团结的大道。

新村和景区选址是：完达山脉三面环绕，山是宝藏，绿色是银行。开发山产品采摘、春踏青、秋赏叶、闲狩猎，与猴石山风景区、抗联烈士纪念塔、卧佛山滑雪场、杏花谷遥相呼应，整体环境为风情园增加了浓厚的民族韵味。水是财的源头，新村和景区内建有滨水休闲区，这里设有水上亭廊、三花五罗、水韵亭、滨水平台、水上舞台，天鹅湖、鹿神湖、白城湖、生态岛，还有从大头山上一泻千尺的瀑布，这涓涓细水将汇集到滔滔的松花江。

入口服务区：入口停车场，入口广场，文化地标，景区大门；文化展示区：文化走廊，占地 5 200 平方米，走廊内有 10 个赫哲族日历造型，12 个赫哲神偶，是旅游区重要主轴线之一；神树广场，整体占地 12 800 平方米，广场绿篱和地面图案采用吉祥纹样，是旅游区游人集散中心，19 座神偶雕塑再现了古老的赫哲族人民迁徙、英勇抗争、狩猎、捕鱼、宗教信仰等充满神奇色彩的故事；萨满神屋，占地 1

142 平方米,建筑面积 580 平方米,神屋背山面水,体现赫哲建筑元素,风格庄重、朴实,是赫哲族祈求平安、丰收的祭祀场所;文博馆占地 958 平方米,建筑面积 1 220 平方米,是赫哲族历史文化集中展示场所;产业中心,建筑面积 925 平方米,是鱼皮画等旅游纪念品生产加工基地;水上舞台,表演台 615 平方米,观众席占地 745 平方米,土建部分 1 360 平方米,可容纳 800 余名观众,是赫哲族歌舞表演主要场所;景观亭,根据旅游区内不同地点和周边环境,共设计 7 种造型、32 个景观亭;撮罗子演艺中心,在文化展示区内分别在水上、岸边及林中建设三个不同风格的夜间演艺中心,建筑面积共 942 平方米;赫哲人家,建筑面积为 2 400 平方米,主体部分为二层结构,主要功能是餐饮消费;酒吧街建筑,酒吧街内共有 6 个酒吧建筑,每个长 21 米,宽 4 米,建筑面积共计 840 平方米,酒吧街为高档

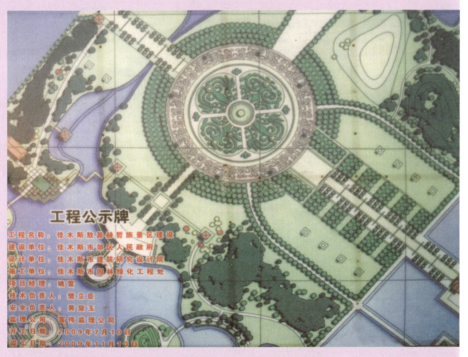

敖其赫哲族景区建设工程公示牌

博物馆

滨水休闲区

消费区;望江楼,由三个单体构成,主体为 4 层建筑,建筑总面积为 2 350 平方米,望江楼主要是名贵江鱼消费区。

采摘园,在省农开办的大力支持下,建设 100 栋标准化温室蔬菜瓜果大棚,成为绿色生态休闲农业示范区,游人可参与种植、采摘、收割等活动。

狩猎休闲,在山地上开发禽兽放养区,在人们面前展示,"棒打狍子瓢舀鱼,野鸡飞到饭锅里"的情景。

赫哲新村与赫哲风情园浑然一体,人与自然交融,和谐美好。敖其村的 103 户赫哲民居,建筑面积 7 460 平方米,是功能现代、节能环保、民族特色鲜明的新型建筑。民居用于居住和开设家庭旅馆、赫哲风情餐馆等。赫哲族新村村内水泥路 1 200 米,接通了通讯、有线电视等各种管线,村内设有给排水系统和污水处理设施,室内有冲刷式厕所。以榆树墙代替栅栏,道路两侧栽植丁香等树种。赫哲族新村已成为新农村建设的典范,被列为全省 20 个精神文明示范村之一。

第六章 江湾明珠

文化长廊

萨满神屋

神树广场

赫哲人家

建设中的敖其赫哲新村(一)

建设中的敖其赫哲新村(二)

耸立的神秘图腾柱

住户门上的古老图案

时任佳木斯市郊郊区区委书记赫贵涛在赫哲新村陪同国家及省专家参观游览

五、敖其周边主要景点览胜

卧佛山滑雪场

卧佛山滑雪场距旅游区约 3 公里,坐落在距今约六七百万年前古火山口遗址群地带,总占地面积 22 公顷。高山峻岭和茫茫林海雪原构成了这里独特的北国风光。

这里通讯迅捷,雪场设备齐全,整体服务配套设施完备,设有初、中、高雪道,最长索道 1 023 米,安装了双人吊椅缆车和伸缩拉杆式牵引索道,有雪上飞碟、雪地爬犁、雪地雪圈等项目,配有咖啡厅、餐厅、酒吧、音乐厅等。是集滑雪旅游、观光避暑、休闲度假为一体的四季旅游胜地。

卧佛山滑雪场

杏花谷

杏花谷位于旅游区东南方向约 3 公里处,上有卧佛山滑雪场,下有紫菲山庄,占地面积 60 000 平方米。

景区有工艺山门、观赏休闲长廊、凉亭,有大面积的杏树林。每年春季杏花开放时节,杏山花海,绚丽无限,是中国佳木斯三江杏花节的八大景点之一。

杏花谷

猴石山

猴石山位于旅游区西南方向约 3 公里处,五峰连绵,最高峰"日观峰",海拔 488 米,面积 200 公顷,林木茂密,登高远眺远景尽收眼底。过了"五一"节,山上绿叶新添,散发春天的气息;每年"十一"前后,满目枫林,诗情画意,绿丛中红叶点点,五彩斑斓……

猴石山

敖其湾影视基地

敖其影视基地俯瞰

影视基地

由著名导演陈国军执导、远方担任编剧的 40 集大型电视连续剧《松花江上》在这里拍摄。

影视基地位于敖其赫哲旅游区路北。建于 2008 年 9 月 20 日，当年 11 月 20 日竣工。

影视基地占地 1.8 公顷，建筑面积约 6 000 平方米，主要建有佳木斯城门楼、江边码头、城墙、程家大院、酒馆、茶楼、小铺、水房、仆人房、马倌房、停车场、牛栏、羊圈、影壁墙、江边票房、马厩、日本神社、大小谷仓、木桥、牌坊等建筑。

电视连续剧《解放区的天》也曾在这里拍摄。

附录三:敖其周边旅游景点一览表

主类	亚类	代码	基本类型	例子
A 地文景观	AA 综合自然旅游地	AAA	山丘型旅游地	四丰山、猴石山、卧佛山、一道岭、二道岭、马鞍山、西大坡
		AAB	谷地型旅游地	群胜乡火龙沟
		AAC	沙砾石地型旅游地	
		AAD	滩地型旅游地	
		AAE	奇异自然现象	
		AAF	自然标志地	
		AAG	垂直自然地带	
	AB 沉积与构造	ABA	断层景观	
		ABB	褶曲景观	
		ABC	节理景观	
		ABD	地层剖面	
		ABE	钙华与泉华	
		ABF	矿点矿脉与矿石积聚地	石英石、蛇纹石、沸石、玄武岩、橄榄石、陶土、煤炭、黄金、天然气
		ABG	生物化石点	

	AC 地质地貌过程形迹	ACA	凸峰	
		ACB	独峰	
		ACC	峰丛	
		ACD	石(土)林	
		ACE	奇特与象形山石	猴石山、卧佛山、雏鸟石、大龟山、小龟山、蝎山、飞来石
A 地文景观		ACF	岩壁与岩缝	大来金刚石壁、金刚石阵
		ACG	峡谷段落	
		ACH	沟壑地	
		ACI	丹霞	
		ACJ	雅丹	
		ACK	堆石洞	
		ACL	岩石洞与岩穴	大来金刚洞、群胜乡神仙洞
		ACM	沙丘地	
		ACN	岸滩	
	AD 自然变动遗迹	ADA	重力堆积体	

		ADB	泥石流堆积	
A 地文景观		ADC	地震遗迹	
		ADD	陷落地	
		ADE	火山与熔岩	大来镇大炮台山古火山群、敖其赫哲族村古火山遗址
		ADF	冰川堆积	
		ADG	冰川侵蚀遗迹	
	AE 岛礁	AEA	岛区	四丰山湖心岛、沿江乡江心岛、沿江湿地岛
		AEB	岩礁	
B 水域风光	BA 河段	BAA	观光游憩河段	松花江、格节河、英格吐河、苏木河、半截河、山音河、卧龙河、胜利河、永安河、音达木河、铃铛麦河
		BAB	暗河河段	
		BAC	古河道段落	
	BB 天然湖泊与池沼	BBA	观光游憩湖区	
		BBB	沼泽与湿地	佳木斯沿江湿地自然保护区
		BBC	潭池	莲江口镇莲花泡、大来镇黑鱼泡、裕太泡、沿江乡泡子
	BC 瀑布	BCA	悬瀑	

		BCB	跌水	
B 水域风光		BD 泉	BDA	冷泉	希水矿泉、敖其赫哲族村矿泉
		BDB	地热与温泉	莲江口镇地热
	BE 河口与海面	BEA	观光游憩海域	
		BEB	涌潮现象	
		BEC	击浪现象	
	BF 冰雪地	BFA	冰川观光地	
		BFB	常年积雪地	
C 生物景观	CA 树	CAA	林地	四丰山、猴石山、卧佛山
		CAB	丛树	
		CAC	独树	
	CB 草原与草地	CBA	草地	
		CBB	疏林草地地	
	CC 花卉地	CCA	草场花卉地	
		CCB	林间花卉地	卧佛山、杏花谷

C 生物景观	**CD 野生动物栖息地**	CDA	水生动物栖息地	松花江、苏木河、格结河、半截河、山音河、卧龙河、胜利河、英格土河、永安河
		CDB	陆地动物栖息地	四丰山、猴石山、卧佛山、一道岭、二道岭、马鞍山、西大坡
		CDC	鸟类栖息地	沿江湿地保护区
		CDD	蝶类栖息地	
D 天象与气候景观	**DA 光现象**	DAA	日月星辰观察地	
		DAB	光环现象观察地	
		DAC	海市蜃楼现象多发地	
	DB 天气与气候现象	DBA	云雾多发区	
		DBB	避暑气候地	四丰山、猴石山、卧佛山
		DBC	避寒气候地	
		DBD	极端与特殊气候显示地	四丰山、猴石山、卧佛山
		DBE	物候景观	
E 遗址遗迹	**EA 史前人类活动场所**	EAA	人类活动遗址	敖其翻砂厂遗址、庆丰遗址、民兴大头山山城、大来镇中丰小城子山山城遗址、四丰山水库遗址

		EAB	文化层　长发古遗迹	
E 遗址遗迹		EAC	文物散落地	南城子村、西格木乡
		EAD	原始聚落遗址	敖其镇永安古城遗址、敖其翻砂厂遗址、庆丰遗址、大来镇中丰小城子山山城遗址
	EB 社会经济文化活动遗址遗迹	EBA	历史事件发生地	大来镇山音二龙山、猴石山
		EBB	军事遗址与古战场	敖其赫哲族村村南有保存完好的抗联密营遗址
		EBC	废弃寺庙	
		ECD	废弃生产地	
		EBE	交通遗迹	
		EBF	废城与聚落遗址	四丰古城山山城遗址、大来镇复兴东山山城、大来镇山音二龙山山城遗址、大来镇南城子古城址、董家子古山寨
		EBG	长城遗迹	
		EBH	烽燧	
F 建筑与设施	FA 综合人文旅游地	FAA	教学科研实验场所	猴石山天文观测站、红旗中学

F 建筑与设施	FAB	康体游乐休闲度假地	卧佛山滑雪场、赫哲族风情园(林业局)、千里生态园、长城生态园、铭轩山庄、紫菲山庄、景丰度假村、东莲花泡度假村、无委会度假村、麒麟山庄、首尔庄园、荣新旅游馆、翼圆度假村、四丰水库度假村、国脉通度假村(铭轩山庄收购)、房产处培训中心、市检察官培训中心、敖其湾赫哲族旅游区、前进渔场、西格木渔场、泡子沿渔场
	FAC	宗教与祭祀活动场所	四丰山玉佛寺、莲江口镇永红村清真寺、大来金刚寺
	FAD	园林游憩区域	英俊公园
	FAE	文化活动场所	赫哲族文化活动中心、各乡镇图书站图书阅览室、文化站
	FAF	建设工程与生产地	平安乡台湾瓜菜特色基地、长发镇现代农业示范点、望江镇农业观光园(水稻)、长青乡农业观光园(佳木斯主要的蔬菜及副食品基地,有一乡保半城的美誉)、西格木乡农业观光园(蔬菜、瓜果等,让游人体验采摘的乐趣,感受自然的魅力)、平安乡农业观光园(瓜果、蔬菜、林木、水稻)、四丰山园艺畜牧场、猴石山果苗良种场
	FAG	社会与商贸活动场所	

		FAH	动物与植物展示地	
F 建筑与设施		FAI	军事观光地	
		FAJ	边境口岸	
		FAK	景物观赏点	敖其赫哲族村沿江文化广场
	FB 单体活动场馆	FBA	聚会接待厅堂(室)	华侨饭店
		FBB	祭拜场馆	刘英俊纪念馆
		FBC	展示演示场馆	猴石山的革命历史博物馆、赫哲族展览馆、敖其影视城
		FBD	体育健身场馆	
		FBE	歌舞游乐场馆	
	FC 景观建筑与附属型建筑	FCA	佛塔	
		FCB	塔形建筑物	东北抗日联军战绩纪念塔
		FCC	楼阁	望江楼

		FCD	石窟	
F 建筑与设施		FCE	长城段落	
		FCF	城(堡)	
		FCG	摩崖字画	
		FCH	碑碣(林)	敖其东北抗联纪念碑
		FCI	广场	
		FCJ	人工洞穴	
		FCK	建筑小品	
	FD 居住地与社区	FDA	传统与乡土建筑	敖其赫哲族村民居、万盛朝鲜族村民居、四丰乡新鲜村、长青乡光明村、望江镇莲庆村朝鲜族民居
		FDB	特色街巷	
		FDC	特色社区	敖其赫哲族新村
		FDD	名人故居与历史纪念建筑	刘英俊烈士纪念碑、刘英俊烈士事迹陈列馆、邵云环烈士纪念碑

		FDE	书院	
F 建筑与设施		FDF	会馆	
		FDG	特色店铺	赫哲族传统工艺品商店
		FDH	特色市场	
	FE 归葬地	FEA	陵寝陵园	绿川英子墓、刘英俊烈士墓、佳木斯烈士陵园、郊区回民墓地
		FEB	墓（群）	敖其永安粮库墓葬、大来镇南城子古墓群
		FEC	悬棺	
	F 交通建筑	FFA	桥	松花江大桥
		FFB	车站	望江火车站、莲江口火车站、长发屯火车站
		FFC	港口渡口与码头	大来解放渡口、黑通渡口、莲江口渡口、松江码头、敖其南城子渡口
		FFD	航空港	
		FFE	栈道	

第六章　江湾明珠

F 建筑与设施	FG 水工建筑	FGA	水库观光游憩区段	四丰山水库、格节河水库
		FGB	水井	
		FGC	运河与渠道段落	
		FGD	堤坝段落	松花江堤坝、四丰山水库大坝
		FGE	灌区	
		FGF	提水设施	
G 旅游商品	GA 地方旅游商品	GAA	菜品饮食	赫哲族杀生鱼、烤塔拉哈、炒鱼毛;朝鲜族打糕、辣白菜、狗肉
		GAB	农林畜产品及制品	绿色食品(大豆、水稻、玉米、红小豆)、山野菜(蕨菜、薇菜、猴腿菜、刺老芽、黄瓜香)、食用真菌(黑木耳、白木耳、油磨、白磨、猴头蘑)、黄花菜、蜂蜜
		GAC	水产品及制品	"三花五罗"、鲟鱼、鳇鱼
		GAD	中草药材及制品	人参、鹿茸、元参、平贝、龙胆、桔梗、黄芪、五味子等
		GAE	传统手工产品与工艺品	鱼皮制品、鱼骨制品、桦树皮制品、蛇纹橄榄岩制品、木材装饰品、草编、麦秸装饰品
		GAF	日用工业品	建材、造纸、化工、机械制造与加工、机电、食品、饲料加工

G 旅游	商品		GAG	其他物品	群胜林场花果山庄、猴石山果园、四丰山葡萄酒
H 人文活动		HA 人事记录	HAA	人物	绿川英子、刘仁、李廷章、刘英俊、陈雷、邵云环
			HAB	事件	大来镇山音二龙山尚坚乌黑保卫战、敖其境内有三块巨石拔地而起、巍峨壮观，相传为努尔哈赤点将台（一说为金兀术点将台）。刘英俊勇拦惊马救儿童
		HB 艺术	HBA	文艺团体	
			HBB	文学艺术作品	伊玛堪、说胡力、嫁令阔
		HC 民间习俗	HCA	地方风俗与民间礼仪	满族尊老爱幼的美德代代相传；朝鲜族文明礼貌，尊老爱幼风格，妇女爱清洁，与男人同到田间劳作，素有勤劳美称；赫哲族结婚时要举行"拜老爷儿"的仪式，"老爷儿"是赫哲族对太阳的称谓。
			HCB	民间节庆	赫哲族乌日贡大会
			HCC	民间演艺	朝鲜族长鼓舞、赫哲族天鹅舞、萨满舞、鱼鹰舞、神鼓舞
			HCD	民间健身活动与赛事	朝鲜族摔跤、荡秋千、赫哲族叉草球、顶杠

		HCE	宗教活动	赫哲族跳路神（又称跳太平神）
H人文活动		HCF	庙会与民间集会	各寺院农历四月初八的庙会
		HCG	特色饮食风俗	赫哲族塔拉哈、杀生鱼、朝鲜族特色餐饮
		HCH	特色服饰	朝鲜族民族服装、赫哲族鱼皮服饰
	HD 现代节庆	HDA	旅游节	佳木斯三江国际旅游节、佳木斯国际泼雪节
		HDB	文化节	佳木斯三江国际旅游节期间的各种文化活动
		HDC	商贸农事节	
		HDD	体育节	郊区田径运动会、卧佛山滑雪赛

后 记

说句实在话,写这本书时,我们心中浮泛着复杂况味。

勇于触摸敖其,缘于我们赶上了河清海晏的开明盛世,紧赶慢赶,这个好机会叫我们抓住了——将近有三百六十多年的断裂的历史时间啊!

由于被断裂,由于被疏离,由于被淡化,由于被边缘,关于敖其的历史脉络以及年代上的断层还是颇为模糊的,甚至有一些待解之谜,留下许多神秘色彩有待去揭示。

我们所做的是在抢救那些即将消逝的赫哲人文遗产,肩负着浓烈的希望,实打实凿地搜集、整理、留存,抛却是否值当不值当的念想。

——第一章主要从文献上切入,以语源学视角专门做了"敖其"名称的考证;附列出葛氏三部珍贵家谱。

——第二章、第三章,将口传史料基本以原貌保留,为后人研究敖其历史保存一份珍贵档案。

——第四章将重点放在赫哲文化遗产上,如语言、伊玛堪、鱼皮工艺、民歌等。

——第五章将搜集到的传说故事集中到一起。

后 记

敖其赫哲先世使用的铁矛

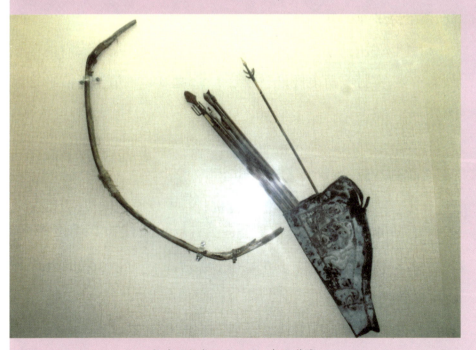

敖其赫哲先世使用的弓弩与箭囊

——第六章记述敖其村的新旧变迁。其中的《敖其赫哲新村村民家庭情况统计表》将他们的户籍状况定格，后续作用将在未来显现。

从产生想法，到落实到书稿，大约不到一年的时间。我们得到了佳木斯市郊区区委、区政府，敖其镇党委、镇政府，敖其赫哲族村党支部、村委会等大力支持，得到了敖其赫哲族村赫哲族群众的帮助，没有他们的热情、鼎力相助，在这么短的时间里，书稿是难以完成的。

韩沛然为本书提供了部分照片，赵营为部分传说编绘了插图，特致谢意！

作者

2011 年 11 月 9 日

黑龙江省委书记到敖其赫哲族新村考察鱼皮工艺制作

后 记

敖其村赫哲族伊玛堪传习所鱼皮技艺传习所揭牌

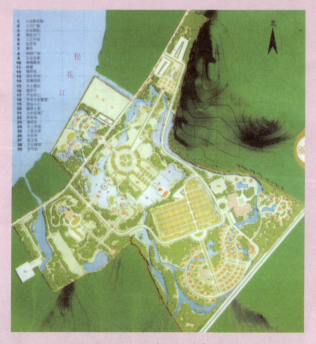

敖其赫哲族风情园全景鸟瞰图

敖其湾

敖其古大头山

江湾渔歌

——赫哲中部部落首府敖其考纪

赫哲风情园文化长廊

打围古神

吉星神

树神

博物馆外壁上的鹿神雕塑